大きな桃の木に、花が咲き誇っています。
花の枝をくぐり抜けて、ツバメが飛んできます。
小屋の軒先にもぐり込み、しばらくすると、また飛び出していきます。

# SANNEN NO HOSHIURANAI
# CAPRICORN
# 2024-2026
ISHIIYUKARI

# 3年の星占い
# 山羊座
# 2024―2026

石井ゆかり

すみれ書房

# はじめに

こんにちは、石井ゆかりです。

本書は２０２４年から２０２６年の３年間、山羊座の人々が歩んでゆくかもしれない風景を、星占いを用いて描いた１冊です。

３年という時間は短いようで長く、奥行きも深く、ひとまとめにして描き出すのは容易ではありません。本書はシリーズ４作目となるのですが、どう書けば読者の心に生き生きとした「３年」が浮かび上がるだろう、と毎回悩みます。短い小説を書いてみたり、おとぎ話ふうに仕立てたりと、これまでさまざまに試行錯誤してきました。

そこで今回たどり着いたのが「シンボル（象徴）」です。

世の中には「シンボル」がたくさんあります。「フクロウは『不苦労』で縁起がよい」「鳩は平和のシンボル」など、置物やお菓子のモチーフになったりします。ニューヨークの「自由の女神像」のような大きなものから、襟元につける小さなのに「てんとう虫のブローチ（幸運を呼ぶ）」まで、人間は森羅万象、ありとあらゆるものに「意味」を見いだし、それを自由自在にあやつって、ゆたかな精神世界を編み上げてきました。

象徴など信じない、という科学的思考のはびこる現代社会にも、たとえば「国旗」「県の花」などがバッチリ制定されていますし、会社を設立すればたいていは、すぐにロゴとマークを制作し、名刺などに刷り込みます。これらも立派な象徴、シンボルです。現代を生きる私たちも、まだまだシンボルを手放したわけではないのです。

実は「双子座」「蟹座」などという星座、さらに「木星」「土星」などの惑星も、私たちがそこに意味を見いだした象徴、シンボルそのものです。

「シンボル」には、いい意味も悪い意味もあります。たとえば「サル」は賢さを象徴する一方で、ズルさを表すこともあります。たいていのシンボルは両義的、つまり吉凶、善悪の両方が詰め込まれています。

「シンボル」に与えられた「意味」を調べるのは、辞書で単語の意味を引くのに似ていますが、その広がりは大きく異なります。シンボルはそれぞれがひとつの宇宙のようで、そのなかに実に豊饒な世界を内包しているからです。

さらに、シンボルは想像力、イマジネーションでできあがっているので、外界に対してかたく閉じているわけでもなければ、その世界のサイズが決まっているわけでもありません。どこまでも広がっていく世界、ときには外界から新風さえ吹きこむ世界が、シンボルの抱いているミクロコスモスなのです。

たとえば「双子座の人」「乙女座の人」と言ったとき、その人々のイメージをひと言で限定的に言い表すことは、とてもできません。同じ双子座の人でも、その個性はさまざまに異なります。でも、そこに何かしら、一本似通ったベースラインのようなものが感じられたとしたら、それこそが「双子座」というシンボルの「軸」の感触なのです。シンボルとはそんなふうに、広がりがあり、開かれてもいる「世界観」です。

多くの人が、好きな数字や花、なぜか自分と近しく感じられる場所などを、心のなかに大切にあたためて「特別あつかい」しています。あらゆる物事のなかから特別な何かを選び出し、自分とのふしぎな結びつきを読み取る心が「象徴」の原点にあるのだろうと、私は考えています。どれだけ科学技術が発達し、多くの人が自然科学にしか「エビデンス」を求めなくなっても、人の心が象徴を追いかける仕組みは、なかなか変わらないだろうと思います。

この3年間を生きるなかで、本書の軸となった「シンボル」が読者の方の心に、やさしい希望のイメージとしてよみがえることがあれば、とてもうれしいです。

# 3年の星占い　山羊座　2024年-2026年◎目次

はじめに　4

## 第1章　3年間の風景

3年間の風景　14
・夜明け、目覚め　15
・「戻ってくる」旅　20
・愛を見つける、愛を育む　23
・新しい役割　29
・住処を作る　35

・人に恵まれ、人と交わる　42
・生み出すこと、与え合うこと、分かち合うもの　48

## 第2章　1年ごとのメモ

2024年　54
2025年　72
2026年　86

## 第3章　テーマ別の占い

愛について　98
仕事、勉強、お金について　108
家族、居場所について　116
この3年で悩んだときは――メッセンジャーの小鳥　120

第4章 3年間の星の動き
2024年から2026年の星の動き 126

第5章 山羊座の世界
山羊座について 142

おわりに 150
太陽星座早見表 154
巻末折込：木星と土星の図表

ブックデザイン
石松あや
（しまりすデザインセンター）

イラスト
中野真実

DTP
つむらともこ

校正
円水社

# 1

# 3年間の風景

# 3年間の風景

冒頭の風景は山羊座の２０２４年からの3年間を見渡して、私が選んだ「シンボル」です。「なぞなぞ」のようなもの、と言ってもいいかもしれません。

以下にキーワードをいくつか挙げながら、「なぞなぞのたねあかし」をしてみたいと思います。

## ・夜明け、目覚め

――春を告げる鳥

長い冬が終わり、あたたかくなると、ツバメが飛んできて巣作りを始めます。
ツバメは、春を告げる鳥です。
2024年、長い冬が終わったかのような、さわやかな解放感に包まれるあなたがいるでしょう。
あるいは、長い長いトンネルを抜け出し、明るい陽光を浴びるような気持ちになれるかもしれません。

内心を焼いていた焦燥、重荷のような欲望、ある種の「呪い」のような思いから解放される人もいるでしょう。

「こうでなければならない」という強い信念、絶対に抑えられないと思えた衝動、怒りや憎しみ、妬みなどが不意に、消え失せるのを感じる人もいるだろうと思います。


人間は、たいていのことに慣れてしまいます。

物事が長期化すればするほど、あれほど深刻だった問題が、いつのまにか「当たり前」になってしまいます。

囚人が足かせをはずすことを不安がり、やわらかいベッドでは不眠になるように、慣れ親しんでしまえば、刑罰でさえ安堵の条件になり得ます。

２００８年ごろからあなたの心を焼いていたなんらかの思い、情動は、16年という長い時間のなかで、あなたにとって「当たり前」になっていただろうと思います。

ゆえに、2024年にそのかせがはずれてはじめて「なるほど、今まで自分は、この強い情動に心を焼かれ続けていたのか」と自覚する人もいるはずです。

天岩戸《あまのいわと》が開かれて洞窟に光が射し込んだとき、やっと「この洞窟は真っ暗だったのだ」とわかります。あたたかな風を受けてはじめて、自分がこれまで凍え続けていたことに気づくのです。

憑き物が落ちてわれに返り、「もともとの自分は、こういう人間だった」と思い出せます。

今までの自分が、ある特別な心の地底のような場所を経巡《へめぐ》っていたことがわかります。

2008年ごろから今に至るまで、あなたは何を得たでしょうか。

そしてその代償に、何を失ったでしょうか。

おそらく、この期間のなかばあたりで、大きな挫折を経験した人もいるはずです。でもこの「3年」の入り口である2024年には、あなたはすでにその挫折から、立ち直っています。

みずからの手で、築き上げたものを壊した人もいるでしょう。大切にしてきたものを、惜しげもなくだれかにゆずった人もいるでしょう。長いあいだ愛着をもって暮らした世界に、別れを告げた人もいるでしょう。でも今はもう、そうした喪失の谷間を抜けて、新しいものを一つひとつ積み上げていくプロセスに、なかば足を踏み入れているあなたがいるだろうと思います。

もしかすると、過去数年のなかで失った人間関係を取り戻すため、厳しいコミュニケーションを試みている人もいるかもしれません。開かないドアを叩き続けるような、つらい働きかけを始めている人もいるかもしれません。

もしそうなら、２０２６年のはじめごろまでにはきっと、その努力が報われます。まだ理解できていないこと、学ぶべきことも、たくさんあるでしょう。どんな心の変化が起こり、そこからどんな言葉が生まれればドアの向こうに届くのか、２０２４年にはわかっていなかったとしても、２０２６年までにはきっと、身をもって知ることができます。

一つひとつ、ていねいに鍵を拾い集めて、最終的にはその、複雑に閉ざされた世界に入ってゆくことができます。

ツバメはこれから卵を孵《かえ》し、ひなを育て、子どもたちを羽ばたかせます。未来は希望に満ちていて、生命力にあふれています。

２０２４年のあなたは、まさにこの、春のツバメのような状態にあります。

## ・「戻ってくる」旅

――ツバメは海を渡る

この「3年」のなかで、あなたは重要な旅をすることになるようです。
それはたとえば、長年帰っていない故郷に帰る旅かもしれません。
あるいは、守るべきものを探す旅なのかもしれません。
自分の歩んできた長い道のりをたどり直すような旅なのかもしれません。
または、自分を変えるための経験を得る、教育的な長旅なのかもしれません。

「かわいい子には旅をさせよ」と言います。

現代社会では「旅」を「苦労」の意味では使わなくなりましたが、それでもやはり「旅」には、知恵も工夫も、苦労もいります。旅を通して人は学び、成長し、鍛えられます。

そういう意味で、この「3年」は、自分自身に「旅をさせる」時期と言えます。

この時期の「旅」は、遠く未知の世界を目指すような旅とは、少し違うようです。たとえばこの時期の旅は「富山の薬売り」のような旅なのかもしれません。ある決まったルートを繰り返し通うような、ある種の世界観を構築しそこに棲むような旅なのかもしれません。

ツバメは長い距離を越えて「帰ってくる」鳥です。

あなたのこの時期の旅にもおそらく、そうした「帰る」「戻る」ような動きが含まれているはずです。

ひとつの場所を通り過ぎて忘れてしまうような旅ではなく、同じ場所を繰り返し訪れて自分の人生の一部とするような旅です。

これは、旅だけではなく、学びや仕事にも当てはまります。

一度読んでおしまいの本ではなく、何度も繰り返し読み、ずっと手元に置くような本を手にする時期です。

繰り返しその仕事に取り組み、身体のなかにその仕事が叩き込まれるような、そんな仕事ができる時期です。

## ・愛を見つける、愛を育む

――アプロディテの鳥、桃の花

この「3年」は、「愛の時間」でもあります。
だれかと恋をして、パートナーシップを結ぶ人もいるでしょう。
すでにいる恋人と、より深い関係を築いていく人もいるでしょう。
あるいは、長い愛のトンネルを抜けて、新しい愛に向かう心の解放を得る人もいるかもしれません。

「愛の時間」はすでに2023年なかばから始まっていて、さまざまなバリエーションを見せながら2026年まで続きます。

ここでの「愛」は、恋愛にとどまりません。

人は実にさまざまな対象を愛します。

子どもや家族はもちろん、友や日々触れ合う仲間を深く愛する人がいます。

趣味を愛する人、仕事を愛する人もいます。

だれかのファンとなって、その人の創造する世界を愛する人もいます。

故郷を愛する人、スポーツチームを愛する人、ペットを溺愛する人もいます。

作り上げた庭や家、コレクションを愛する人もいます。

ある風景や場所、その場所に積み上げられた歴史を愛する人もいます。

花を愛する人もいれば、季節を愛する人もいます。

人はなんでも愛するのです。

2024年からの「愛の時間」は、これらすべてに当てはまります。

2018年ごろから、あなたは人や物事を愛する、そのやり方を、大きく変えてきたかもしれません。

かつて愛だと思っていたものを手放し、新しい愛をつかんだ人もいるでしょう。より自由な愛し方、自立した愛し方を目指して、いくつかの垣根を越え、壁を壊してきた人もいるかもしれません。

「自分はこの人やこの対象を愛さなければならない」

「愛しているならこのように行動すべきだ」

など、愛にまつわるさまざまな規範、内外からの押しつけを、一つひとつはねのけてきた人もいるのではないかと思います。

こうした試みには、困難がつきまといます。

ひとつの規範をはねのけたところで、ひとりの人が深く傷つく、といったこともあったかもしれません。

「自分は愛していない」と伝えたとき、相手から「それでも私は愛している」と言われ、どうしてよいかわからなくなったこともあるかもしれません。

あるいは逆に、自分の愛が受け入れられず、深い孤独に傷ついたこともあったかもしれません。

愛の世界ではしばしば、価値観が反転します。

ほかの世界では「よい」とされることが、愛の世界では「まちがい」となるのです。

たとえば、ほかの場では「コツコツ努力すればかならず報われる」「最後まであきらめず闘え」などと励まされますが、愛の世界ではがんばってもどうにもならないことがあり、相手のために自分の愛をあきらめることが、最高の愛情表現となる場合があります。

ほかの世界では強さや輝かしさが勝利するのに、愛の世界では弱さや儚《はかな》さが求められることもよくあります。

愛を必要とするのは、人の弱さです。なのに、人は強いものや美しいもの、完璧なものが愛されるのではないかと考えたり、そうしたものを追い求めたりするのです。

愛の世界は矛盾に満ちていて、ゆえに、多くの人がその迷路に迷い込み、出口をしばしば見失います。

2018年ごろからそんな愛の迷路を進み続け、2024年の入り口に立つあなたは、すでに新しい、ゆたかな愛の世界に足を踏み入れつつあります。

孤独のトンネルの出口が見え始めている人もいれば、傷つけたと思った相手からのゆるしを得つつある人もいるかもしれません。迷路はそろそろ終わり、進むべきまっすぐな道が見えてきます。

その道はあらかじめ運命に用意されていたように見えても、実際は、あなたがあの迷路をさまようなかで気づかぬうちに開拓し、自分自身の手で舗装した道です。

ツバメは、愛と美の女神アプロディテの聖鳥です。
つまりは、愛の鳥です。

桃も古くから、愛の象徴として知られています。

この「3年」の山羊座の愛は、プラトニックなものに終わることはなさそうです。子どももちろん「愛の果実」ですし、それでなくとも何かしら、手と心で触れることのできる愛の実りを得られるはずです。

## ・新しい役割

――勤勉なツバメ

「仕事」という言葉にはたくさんのイメージが詰め込まれていますが、たとえば大きくふたつの世界観がそこに見いだされます。

ひとつは、「どこにお勤めですか?」と言うときの世界観です。これは所属している組織とか社会的立場、地位や名誉のイメージです。

もうひとつは、汗を流して土を掘ったり、木を削ったり、おにぎりを握ったり、

洗濯物を干したりする世界観です。手足を動かし、なんらかの「作業」にいそしむイメージです。

この「3年」は、山羊座の人々にとって「新しい仕事を得る」時間です。

この「仕事」は、後者の世界の「仕事」です。


この時期に起こりそうな展開としては、たとえば、次のようなストーリーが考えられます。職場で新しい役職に就き、その現場でおこなわれている仕事に徐々に慣れ、自分のものにしていったが、同時にその仕事の内容に非合理や矛盾があることに気づき、改善や改革を試み始める、といった展開です。

2024年なかばから2025年なかばにかけて、あなたは新たな任務、役割、仕事を引き受けることになります。それは会社や役所など、組織での「仕事」だけにとどまりません。身近な人のケアを引き受ける人もいれば、これまで人に任せていた家事を一手に担う人もいるでしょう。

そして、その内容に深くコミットした結果、「変えたほうがいい！」という気持ちがわいてくるのです。仕事の内容を変える人、役割分担のあり方を変える人、働き方を変える人、組織やチームの運営の仕方を変える人もいるでしょう。機械や家電を導入したり、動線を変えたり、なかにはその仕事の枠組みや概念を変えようとする人もいるかもしれません。

この「変えたほうがいい！」という発想からの試みは、２０３３年ごろまで続きます。

すぐには結果や効果が表れず、苛立つ場面もあるかもしれません。周囲があなたの意向に賛同してくれず、孤立することもあるかもしれません。前例のないことに取り組み、プレッシャーを感じる人もいるでしょう。

ひとつのアイデアを試して結果が出ず、次のアイデアを試してまたうまくいかず、といった試行錯誤を続け、「本当にこれでいいのかな？」という不安に苛《さいな》まれる人もいるでしょう。

でも、最終的には「やっぱり自分が正しかった」という地平にたどり着けます。


たとえば火星への旅行にはガイドブックがありません。

まだだれも火星旅行をしたことがないからです。

もとい、月に行ったことがある人はいますが、安全安心な「月の歩き方」のようなガイドブックは、存在していません。

それに似て、この時期からのあなたの「働き方改革」には、ガイドブックもハウツー本もマニュアルもありません。

実験に次ぐ実験、挑戦に次ぐ挑戦を経て、やっと「これだ！」と思える星にたどり着けます。

そして「これだ！」と思える星に立ち、後ろを振り返ったとき、びっくりするほど多くの人があなたについてきているのに気づかされるでしょう。

「最初のひとり」になるのは、非常にむずかしいことです。

「最初のひとり」が現れた瞬間、そのあとに、多くの人が一気に連なります。

「最初のひとり」が試行錯誤を続けているときその人を否定していた人々までが、あとについてきます。

真の自由を生きる人は、人生のなかで何度か、そうした体験をします。

この「3年」のなかで、あなたはなんらかの分野で、そんな「最初のひとり」になる決意を固めることになるのかもしれません。


ツバメは「勤勉」の象徴とされます。

子育てのために必死に飛び回るからです。

人間が努力するときはたいてい、お金を稼ぐためとか、だれかにほめられるためとか、偉くなるためとか、なんらかの欲望と目標がそこにあります。

その点、ツバメはどうでしょうか。

ツバメが飛び回るのは、子どもを育てるためです。

ツバメの心に利他的な愛情があるのか、それとも特に何の感情もないのか、人間にはわかりません。

ただ、ツバメが軒先に巣を作ると、昔から人間はそれを「幸運の徴《しるし》」と考えました。ツバメが忙しく巣作りをし、子育てをすることが「献身的な善いこと」と感じられたからだろうと思います。そこに清らかな愛情と情熱を読み取ったからだろうと思います。

この「3年」の山羊座の人々もまた、清らかな愛情と情熱から、広義の「仕事」を「変えよう」とします。

それによって自他がより伸びやかに、幸福に生きられると信じて、試行錯誤に取り組めるのです。

## ・住処《すみか》を作る

――ツバメの営巣

2025年から2028年ごろにかけて、山羊座の人々は「居場所を作る」時間に入ります。

引っ越したり、家を建てたりする人もいるでしょう。

あるいは、実家を出てひとり暮らしを始めたり、新しい家族を得て家庭を作ったりする人もいるでしょう。

長く離れていた故郷に戻り、家族の世話を始める人もいるかもしれません。

新しい居場所を作り、生活を作り、そこでの人間関係を作ることが、２０２５年からの一大テーマとなります。

「こんな生活をしたい！」「こんな場所に暮らしたい！」という夢を、多くの人が抱いています。また、「こんな家庭を築きたい」「こんな人と暮らしたい」という理想を持っている人もいるでしょう。

そうした夢や理想を、完全に叶える人も、世の中には存在するかもしれません。

ですが多くの場合、夢や理想は完全には、現実のものとはなりません。

理想も夢も、部分的にしか叶わないとしたら、「どの部分」を叶えるか。

このことが、２０２５年からのあなたの、大きな課題となるはずです。

「人生においてもっとも大切なことは何か？」

この問いに答えられるのは、人生の最後の瞬間を迎えた人だけだろうと思います。にもかかわらず、私たちは自分の人生の途中で何度も、この問いを前にして考え込むことになります。

たとえば受験や就職活動、結婚や住み替えなど、生活や人生を根本的に変えるような大きな選択をするとき、「何がいちばんだいじなのか?」を問う人は少なくありません。選択には、根拠や基準が必要です。「どれを選ぶべきか?」「なぜこれを選ぶのか?」という問いには、「なぜなら、自分の生活や人生では、これがもっとも大切で、必要だから」と答えなければなりません。

もちろん、この問いには別の答えがあります。多くの人は、別の答えを採用します。それは「制約」です。「予算がこれしかないから」「今を逃すとあとがないかもしれないから」「親が別の選択肢をゆるしてくれないから」「いろいろな事情があって、これ以外に選べないから」。たとえばそんな答えのほうが、ずっと一般的です。

自分自身の「人生でいちばん大切なこと」に則《のっと》って人生の選択ができる場面など、

現実にはほとんどありません。

それでも。

人間が本当に自由に生きようと思ったなら、かならずこの問いを手放してはいけないのです。

「何が自分の人生において、もっとも大切なのか？」

「今、自分にとっていちばん大切にすべきことは、何なのか？」

これらの問いを自分のためにいつも、もっておくことが重要なのです。

これを手放してしまうことは、自分の人生を他人の手に渡してしまうのと、同じことです。

「自分にとって、何が大切か」。

この問いに答えを出そうとしたり、この問いにしたがって生きようとしたりするとき、まわりのだれか、または「内なる他者」が、反論します。

「それはワガママではないか」。

「そんなのは非現実的だ」。

「そんなのは贅沢だ」。

「ふつうはそんなことはしない」。

「それではつぶしがきかない」、等々。

やらない理由、できない理由を、人間の頭はびっくりするほど自由自在に考えつき、心のなかに山と積み上げるのです。


2025年から2028年ごろにかけて、この2種類の声が、あなたのなかで盛んに論争を続けるでしょう。

「何が自分にとって大切なことなのか?」「そんなことを考えるのは贅沢だし、そもそも危険かもしれない」。

献身や自己犠牲といった美徳と、心からの願いや欲望とが、ときに入れ替わり、すり替わり、自分で自分をだまそうとすることもあれば、ある程度まで決まりかけたことを本心から突然ひっくり返すような場面もあるでしょう。

こうした葛藤のなかで、あなたの本当の居場所が作られていきます。

自分を押し殺し、心の声を否定するような選択が少なければ少ないほど、あなたの世界は美しく、強く仕上がってゆくはずです。

ツバメは巣を作ります。

この巣は、子育てのための巣で、彼らが永住するための巣ではありません。

多くの動物はそんなふうに巣を作りますが、人間だけは「終の棲家」のように、最後まで住み暮らす巣を必要とします。

ある家に生まれ、死ぬまでその家で暮らす人も、世の中にたくさんいます。

その一方で、いくつもの家を渡り歩く人もいます。

現代社会では、いくつかの家に住む人のほうが、マジョリティではないかと思います。

人生で暮らす複数の住処は、それぞれが「そのとき」の目的を持っています。ツバメの巣が子どもを産み育てるという特別な目的で作られるように、あなたがこの時期作る住処もまた、ある特定の「人生の目的」のために作られるのかもしれません。

その目的は何なのか？と考えるほうが、もしかするとこの時期の「真の居場所作り」の方針を決めやすいのかもしれません。

ですがもちろん、その一時的な、特定の目的もまた、「人生全体で、もっとも大切なものは何か？」という問いと、無関係ではないはずです。それは、大河の支流のようなものであるはずです。

## ・人に恵まれ、人と交わる

――小屋の軒先のツバメ

この「3年」は、あらゆる意味で「他者と関わる」時間です。

多くの人と新しいコミュニケーションを重ね、貴重な出会いを得て、人脈がふくらんでゆくでしょう。

肩書きや立場性をもって他者と接するより、ひとりの人間、生身の個人として、他者の個性と触れ合ってゆくことがメインテーマです。

たとえ、仕事や立場上のからみで出会ったとしても、徐々に個人的な関係を結んでゆくことになります。

そして、その関係の構築のプロセスにおいて、あなたのコミュニケーションスタイルは少なからず、変貌を遂げます。

たとえば話し方や話の内容、話の量、声のトーンなどが、大きく変わる可能性があるのです。


人と関わることとは、学ぶことです。

私たちは無意識に他者の使う語彙を取り入れ、それを自然に用います。

ある人と関わりが深くなれば、だんだんその人に似てきます。

意識しなくとも、真似してしまうことが増えるのです。

この時期は特に、そうした「学び」が加速します。

もし「こんなふうに話したい、こんなふうに振る舞いたい」と思える人がいたら、できるだけその人といっしょに行動するといいかもしれません。相手の生き方のエッセンスを吸収し、自分なりの成長の糧にできます。最初はまったくのコピーでも、だんだんと「自分ふう」になれていくものです。「真似」が「学び」に変わるプロセスがそれです。

集団としてなんとなく交流するとか、みんなのあとについていくとか、そうした「関わり」は、この時期は結びにくいかもしれません。

むしろ、意識してだれかに話しかけたり、勇を鼓してだれかにアプローチしたりということが、人脈拡大のきっかけとなります。意志をもって関わることが必要なのです。

ツバメは、人間の生活圏内に巣を作ります。

つまり「人間とつきあうのを好む」ということで、社交性の象徴とされます。

現代社会では、人が人を信頼することが、とてもむずかしくなっているようです。たとえばだれかと親しくなって、あたたかな気持ちを伝えようとしても、相手がそれを嘲笑するのではないか、仲間といっしょに嗤《わら》い合うのではないか、という恐怖を感じる人が多いと聞きます。

親しげに話しかけてくる人が、オレオレ詐欺やロマンス詐欺、危険なネットワークビジネス、宗教の勧誘など、なんらかの意図を持っているのではないか、と疑わなければならない世の中です。

ただ自然に親しくなる、ということが、子ども時代にしかゆるされないように思われることもあります。

しかしそれでも、人は人と親しくなりたいのです。

本当に多くの人が、友情や愛情、やさしさに飢えています。

そして「そんなものは、自分には得られない」と絶望しています。

この疑いや絶望を乗り越えて、人とあたたかな関係を結ぶことが、この時期の山羊座のテーマです。

人は、優れているから他者と親しくなれるわけではありません。

魅力的だから、ほかの人よりよいものを持っているから、道徳的だから好かれる、というわけではありません。

もちろん、悪意に満ちた人、人を傷つけることを好む人は、なかなか他者とは親しくなれないでしょう。

ですが、さまざまな欠点を持っていても、友人にかこまれている人はいます。

その人は特別な魅力や能力があるから友人にかこまれているのか、というと、そうでもないのです。

友人がたくさんいる人は、友人に働きかけ、友人とともにいようとする人です。

友人に時間をかけ、手間をかけようとする人が、友人に恵まれています。

ツバメは人の家に巣を作ります。

あつかましくもそんなことをして、軒先を汚しているのに、なぜか住人から喜ばれ、やさしく守ってもらえます。

このふしぎな「親しみ」のカラクリは、実は人間自身も、ちゃんと応用できるのです。

## ・生み出すこと、与え合うこと、分かち合うもの

――桃が実をつける

この「3年」のなかで、あなたはいろいろなものを創造し、生み出します。生産し、獲得し、貯えます。

そして、さらにたくさんのものを創り出したい、手に入れたい、と強く感じるでしょう。

お金が欲しくなる人、ものが欲しくなる人もいるはずです。

ここから20年ほどのなかで、あなたは非常に大きな財を築き、動かすことになります。

特にこの「3年」であなたが手に入れるものは、あなたが関わるだれかと「分かち合う」ためのものです。

自力で多くを手に入れる一方で、あなたはこの時期、他者に多くを与えます。

また、人からすばらしいものを手渡されることにもなります。

人間はおたがいを与え合うことで、深い喜びや、新しい命を生み出すことができます。

信頼と愛の関係において、人間はあらゆるものをだれかに与え、また、だれかの存在のすべてと言えるほどのものを受け取ります。

分かち合ったり、与え合ったりすることは、非常に危険なことでもあります。与えたつもりがないものを奪われたり、不均衡な力関係のなかで一方的に搾取されたりする現象が、人間社会では当たり前のように横行しています。

暴力的な強奪は人に深い傷をもたらします。人間はときに、他人の生活や人間的な強さ、希望、生きる意欲までを「奪う」ことができるのです。そして、そんなにひどいことをしたあとでも、そのことに気づかないで生きていくことができます。

私たちはそうした危険に身をさらしながら、日々を生きています。

人は人に何も与えずに幸福になることはできませんが、与えることや奪われることによって、容易に不幸になる生き物でもあります。

性愛や子育て、介護などは人生の一部を相手に与えるような営為です。人は人生を終えるとき、自分が持っていたもの、創り上げたものを、ほかの人々に分け与えます。

2024年からの3年間、あなたはだれに何を与えるか、そのことを随所で考えることになるでしょう。おそらくこれまでだれにも与えたことのないものを与える人も、少なくないだろうと思います。

愛はどんなに与えてもなくなりませんが、ほかのものは、与えればなくなってしまいます。時間も、労力も、金銭もそうです。

与えたもののかわりに、何を受け取れるでしょうか。

信頼や感謝、居場所、対価、やさしさ、人との結びつきそのものなど、私たちは無意識に、見返りを期待します。

もし、期待した見返りを一切受け取れていないのに、ただ与え続けているだけの状況ならば、そしてその状況が自分にとって不幸だと気づいたならば、この時期に「与えることをやめる」という選択肢も見えてくるかもしれません。

あるいは逆に、自覚せずにだれかから多くを受け取り続けていることに気づき、相手の望むものを意識して与え始める人もいるかもしれません。

桃の実は形状がお尻に似ていることから、古く「官能」と結びつけられてきました。

ほんのりと赤い芳醇な桃の実には、人間の心を陶然とさせる妖しい魅力があります。

人生の陶酔、人間同士がある種の境界線を越えていくときの熱い高まりとスリル、没入、耽溺、惑乱。日常生活のなかでは隠され、否定されがちなテーマですが、多くの人々が無言のうちに、心の奥底で常に欲望し続けているテーマでもあります。この「3年」のなかで、あなたはそのような世界を深くのぞき込み、その世界に招き入れられるのかもしれません。

# 2

# 1年ごとのメモ

# ２０２４年

２０２４年から２０２６年を、ざっくりとキーワードで表すと、以下のようになります。

２０２４年：探し出す
２０２５年：選ぶ
２０２６年：選んだ世界に入る

移動し、模索し、刺激を受け、発見する2024年があり、探し出したもののなかからこれからの自分を作るものを選定する2025年があり、選び取った世界に入り込んで根を下ろす2026年があります。動から静へ、外側から内側へ、という動きが、この3年を貫いています。

## ・選択できる自由

2023年から、何かを「探している」状態にある人が多いはずです。あれこれ調べたり、見て回ったり、刺激を受けたり、発見やひらめきを得て動き出したりしているかもしれません。

たとえば「恋をする」ことも、模索の動きと言えます。だれかに魅力を感じると、その人のことをもっとよく知りたくなります。そして、よく知っていった先で、より深い愛情が生まれることもあれば、「やっぱり違った、勘違いしていた」となることもあるわけです。恋は、選択のプロセスと考えられます。

２０２４年は特に、新居を探したり、パートナーを探したり、職場を探したりと、重要な生活の条件を探し回るような時間となるかもしれません。ちょうど、冒頭のツバメが忙しくエサを探し回るように、あちこち飛び回って自分に必要なもの、自分に合うものを探して回ることになるかもしれません。

２０２４年中に「探し当てる」人もいれば、２０２５年に決断する人もいるでしょう。２０２４年はどちらかと言えば、選択肢を増やしたり、それぞれの選択肢への知識や理解を深めたりする時間となるようです。

また、「選ぶ」にあたっては、それが大きなものであればあるほど、選択の基準を学ぶ必要があります。車を買おうとする人は車について調べ、車にくわしくなります。恋をすれば相手のことにくわしくなりますし、仕事を選ぶ際は業界の動向やその業界の有名企業の事情などにくわしくなります。選ぶことは、学ぶことに通じます。

選ぶときの学びは、小中学校での学びとはかなり異なっています。というのも、選ぶときは「学んでいる」という自覚もないほど、自然に知識が頭に入るからです。いいものを選びたいという気持ち、選んだものが今後の人生の一部となるイメージ、興味関心の強さなどが、知識や情報を自然に吸い寄せるのです。

自由に選ぶことは、楽しいことでもあります。

選んでしまえば選ぶ楽しみが終わってしまうため、なかなか決められなくなる人もいます。

この時期は特に、「いつもとは違う選び方をしたい」「選んだことのないものを選んでみたい」という思いが強まるかもしれません。

ですがその一方で、「まちがったものを選んだらどうしよう」という恐怖心も強まるかもしれません。

たくさんの選択肢のなかから選べるぞ、とウキウキしながら探しに行ったら、意外と選択肢が少ないことがわかり、「消去法で決めるしかないか」とガッカリするような展開もあり得ます。理想と現実のギャップを埋めるのに苦労する人もいるかもしれません。

それでも、探し出して出会う喜び、選ぶ楽しみは、ちゃんと満喫できるはずです。さらに最終的には、頭で考えて自分をムリヤリ説得するような選び方ではなく、トキメキや夢、希望を胸に抱いて、思いきって選ぶ、という着地点を見いだせるはずです。

**・愛と創造のチャレンジが、実を結ぶ**

年の前半は「愛と創造の時間」が続いています。

2023年なかばから2024年5月末まで、好きなこと、やりたいことにガンガン打ち込める時間のなかにあるのです。

クリエイティブな活動をしている人には、びっくりするほど素敵なチャンスが巡ってくるかもしれません。また、「自分史上最高傑作」を生み出す人、大ブレイクを果たす人もいるはずです。

2018年ごろから、より自由な活動のあり方を求めて、試行錯誤してきたのではないでしょうか。「殻を破る」ために大胆な選択をしたり、あえて常識的なルートを離れて活動してきたりした人もいるでしょう。

山羊座の人々はもともと、伝統的な考え方や手法を大切にする傾向がありますが、過去数年はむしろ、伝統や「型」から自由になりたいという気持ちが強かったのではないかと思うのです。

そんなチャレンジ精神からの試行錯誤に、そろそろ答えが見つかり始めるのが、2024年からの「3年」です。特に2024年前半は、これまでの試みが賞賛されたり、結果を出すことによって新たなチャンスに恵まれたりと、はっきりした「前進」の手応えを感じられる時間と言えます。

「クリエイティブな活動」と言えば、たとえばアートやクラフトなどが思い浮かびます。でも、実際は、もっと広い意味合いでとらえられることのようにも思います。

たとえば、日々家の掃除をするなかで、新しい掃除道具を自作する人がいます。ふだん使っている家具の使いにくい部分を、自分の手で改良する人がいます。スマートフォンを好みにあわせてデコレーションしたり、好きなキャラクターにちなんだネイルアートを試みたり、新しいギャグを考えついたり、自分のアイデアで子どもを楽しませたりすることも、立派な「クリエイション」です。

「クリエイティブな活動」とは、自分のアイデアで工夫することです。

自分自身の考えで行動することにはすべて、創造性が含まれます。

どこかにある正解を探したり、だれかの真似をしたりするのではなく、内なる衝動に突き動かされるように「自分はこれだ」という何事かを、世界にぶつけてみることが「クリエイティブな活動」なのです。「世界にぶつけてみる」とは、広く発表したり売り出したりすることではありません。行動すること、かたちにすることで、じゅうぶん「世界にぶつけた」ことになります。

なんでも「みんなはどうしているだろう」「ふつうはどうするのだろう」と検索するのが当たり前の世の中です。

たしかに、人に学ぼうとする姿勢は大切です。ただ、人のやっているとおりにやればよい、人の言うとおりにすればまちがわない、とだけ思ってしまうと、自分の内なる創造性は少しずつ力を失い、殺されてしまいます。

情報を得て、基本的なことをある程度学んだ上で、「それでも、自分で思いついたやり方を試してみたい」という姿勢が、創造性です。

たとえば「悩んでいる友だちになんと声をかけたらよいか」「子どもが大きな失敗をし、問題を起こしたが、どのように対処すればいいか」などのことに、自分で苦労して考えて答えを出すことも、ひとつの創造性です。こうした場合には「どうすればいいかわからないから、何もしない」という選択がゆるされません。どうすればいいかわからないけれども、何かはしなければならない、それで失敗する可能性もあるけれど、何もせずにいることはできない、といった局面が、人生ではかならず、訪れます。そこで「何もしなかった」ことはきっと、大きな後悔の種になるのです。

人間関係において、そのようなシチュエーションがしばしば生じます。特に、恋愛や子育て、愛の関係において、それが顕著です。

どうしても自分で動かなければならないというシーン、正解がどこにもないけれども行動しなければならないというシーンにおいて、そのときの自分のすべてをかけて行動する、そうした挑戦が、人生を前に進める原動力となります。

この「3年」では、何度かそんなシチュエーションに立つあなたがいるはずです。正解のない状況に、自分自身で答えを出していく、その勇気が求められます。

そして、その試みを重ねていった先に、「自分自身で人生を切りひらいた」「自分の手で愛をつかんだ」というゆたかな自信と満足が得られます。

**・日々を作る「メニュー」を変える**

5月末から2025年6月上旬にかけて、「新しい役割を得る時間」に入ります。この間、ライフスタイルを刷新する人が多いはずです。

日々の時間の使い方、生活動線、ルーティンが変化し始めます。

身近な人との役割分担を変える人、生活習慣、毎日積み重ねる訓練や勉強の内容、量を変える人、心身のケアのやり方を変える人もいるでしょう。

さらに、昇進や異動、転職、独立などを経て、働き方が大きく変わる人も少なくないでしょう。

「毎日」を作る具体的な一つひとつの要素を見直し、今の自分にフィットする内容に置き換えていけます。

かたちではなく内容が変わり、それを継続することでなんらかの「効果」が表れます。

「継続は力なり」と言われます。継続する内容を変えると、自分に備わる力が変わります。

「こんな力を得たい」という望みが、日々の習慣を変える原動力となります。

毎日のカリキュラム、トレーニングのメニューを変えることで、人生を変えることができるときと言えます。

このような変更は、一度ではうまくいかないこともあります。

「毎日かならず走るぞ！」「毎日1時間勉強するぞ！」などと決めても、三日坊主で終わってしまったりします。ですが三日坊主になっても、そのまますべてやめてしまうのではなく、「もう少しかたちを変えれば、続くかもしれない！」と考え、時間を短縮したり、タイミングを変えたりする工夫ができれば、続けられる可能性があります。

2024年なかばからのあなたは、そうした試みを何度も重ねてゆくことができます。

「この方法でダメなら、別の方法を試そう」というふうに、柔軟にやり方を切り替えて、実験を重ね、最終的に自分に合うスタイルを見つけ出せるのです。

一度決めたことがうまくできなかったとき、「自分はなんてダメなんだ」「もっとしっかりしなければ」など、自分を責めてしまう人がいます。でも、そうした精神論は、あまり効果的ではありません。「気合いを入れよう」「意志を強く持とう」など自分に言い聞かせるより、「時間帯を変えたらどうだろう？」「アプリを使ってみたらうまくいくかも」など、いろいろな手段、方法を探ってみることのほうが、たぶん役に立つはずなのです。

人間は、自分をよく知りません。

どうすればうまくできるのか、自分に合ったやり方はどんなやり方なのかを、多くの人が、よく知りません。知らないがゆえに、無理なスケジュールを組み、挫折してしまう、というパターンが非常に多いのだと思います。

自分を知っていれば、自分に合った習慣を組み立てられます。ただ、自分を知るためには、いろいろ試してみて、「これではダメだ」という経験を積み上げる必要があるのだろうと思います。つまり「うまくいかなかった経験」は、大切な「自分に関するデータ」なのです。

この時期、あなたはいろいろな体験を自分に課すことによって、より具体的、現実的に「自分を知る」ことができます。

「なるほど、自分にはこんなクセがあるのか」「こういうことならうまくできるんだな」「こんな体質になってきているんだ」等々、自分自身への理解を深めることで、生活がより自由な、のびやかなものになります。余裕が出てきて、呼吸しやすくなります。

実は、このような変化は2025年、さらに大きなスケールで加速し始めます。2024年後半から2025年前半の経験は、さらなる試みの「序章」のような意味合いを持っています。

**・秋以降、「真剣勝負」の時間**

9月から11月にかけて、だれかと「真剣勝負」することになります。

タフな交渉に臨んだり、大ゲンカしたり、むずかしい契約をまとめたりする人もいそうです。

真正面から向き合って、言いたいことをガンガン主張し、その先に新しい関係を構築できます。

ここでの対決・交渉は、このタイミングだけではまとまらない可能性もあります。おそらく、このあと2025年1月から4月なかば、さらに2026年なかばまでにまたがって「やりとりする」必要が出てくるだろうと思うのです。

たとえば、ラブコメディのドラマや映画では、最初犬猿の仲だった相手と、最終的に恋仲になる、といったパターンが定番です。2024年後半から2026年前半にかけて、そうしたドラマを現実のものとする人もいるかもしれません。

戦争のあとに講和があります。ケンカのあとに仲直りがあります。交渉のあとに契約があります。「真剣勝負」「対決」は、そのあとに何かが結ばれることを目指しておこなわれます。

この時期のあなたの「対決」は、最終的な関係性の実りを目指しておこなわれるものです。より生産的な関係を結び直すために、あえて対峙し、思いをぶつけ合えます。相手を傷つけるためとか、ただ倒すためとか、単に勝利するために「真剣勝負」するわけではないのです。

たとえ、最終的に決別することになったとしても、おたがいの深い納得の上にそれが実現します。「決裂」ではなく「円満解決」こそがゴールになるはずです。

そのゴールは、２０２６年前半なのかもしれません。

ゆえに、２０２４年に結論を急ぐ必要はありません。場合によっては少し距離を置いたり、クールダウンの時間をとったりしながら、交渉を続けてゆくことができるでしょう。

### ・新しい欲望のスイッチ

11月から年明けにかけて、だれかから熱いオファーを受けることになるかもしれません。人があなたに素敵なチャンスを用意してくれたり、いい案件を回してくれたりする場面もありそうです。

だれかが意外なものをあなたのために選び、すすめてくれます。もちろん、それを拒否することもできますが、ひとまず検討・吟味することが大切です。

自分では決して選ばないようなものでも、ちょっと試してみたらしっくりくる、ということもあるかもしれません。

選択肢から最初に除外しそうなものが、意外にも自分にぴったりなのかもしれません。

11月を境に、欲しいものや好きなものが変わり始める可能性もあります。今まで好きだったものに興味がなくなり、一転、これまで関係ないと思っていたものに強烈に惹きつけられる、といったことが起こるかもしれません。欲望の方向性が変わり、手にするものが変わります。そうした変化の引き金となるのが、だれかの熱い「おすすめ」なのかもしれません。

## 2025年

### ・「過渡期」を脱する

「いくつかある選択肢を並べて、どれにしようかと考える」のが、2025年のテーマです。

2024年に見つけ出した選択肢のなかから、いちばん自分に合うものを決定していくプロセスを歩むことになります。

選択肢同士を比較したり、「味見」「お試し」のような試みをしたり、一度Aに決めたのにやはり思い直してBに変えたり、といったことができます。

あまり迷わずに「これ！」と決めることもできるかもしれませんが、もしあとで「やっぱり、違った」と思えたら、結論をひっくり返せます。

この時期の「選択」には、ある種の「行きつ戻りつ」が起こりやすいのです。

そして、それはまちがいではありません。


2023年ごろから、あるいは2018年ごろから迷ってきたことに、結論が出ます。

なかには「見習い」のような状態から「一人前」になる人もいるでしょう。

恋愛状態からパートナーシップへと進む人、趣味が仕事になる人、遊びが本気になる人、宙ぶらりんだった立場から本格的なポジションに移行する人、従から主に変わる人、子どもあつかいが大人としてのあつかいに変わる人もいるはずです。

なんらかの「模索状態」「中間的状態」「過渡期」を、納得のいくかたちで終了させていくのが、2025年のテーマです。

**・生き方の選択**

2024年後半に引き続き、「新しい役割を得る時間」のなかにあります。

役割や立場が変わったり、責任範囲が変わったり、生活のスタイルが変わったりする人が多いでしょう。

さらに2025年なかばから、この「ライフスタイルの変化」のスケールが一気に拡大します。

生活のなかの「ある部分」が変わるのではなく、生き方そのもの、自分の役割についての考え方そのものがガラッと変わる時間に入るのです。

この「ライフスタイルの変化」は、2033年まで続く長丁場のプロセスです。

2025年にガツンとスイッチが入り、そこから一気に進展します。

たとえば、これまで長く組織に所属してきたのが、そこから独立して起業する、といった道を選ぶ人もいるかもしれません。

家族に頼って生きてきた人が、自活の道を目指す、といった展開もあるでしょう。

人の世話をし続けてきた人がそのポジションを離脱したり、自分を縛りつけていた場所を離れたりするかもしれません。

ここでの変化は、あまりソフトなものにならない可能性もあります。突発的に逃げ出したり、思いつきを即行動に移したりと、自分も周囲も驚くほどの瞬発力で「動く」ことになるようです。

この時期の変化のテーマは「自由」です。

生き方の自由、生活の自由、時間の自由、意志決定の自由、経済的自由など、なんらかの自由を求めて、あなたはアクションを起こすことになります。

「自由」のかたちは、人それぞれです。

ひとりで行動することに自由を見いだす人もいれば、だれかといっしょにいることを自由だと感じる人もいます。孤独を牢獄だと感じる人がいる一方で、家庭を鳥かごのように感じる人もいるのです。

あなたにとって、何が自由なのか。

そのことをこの時期、深く考える必要があります。あるいは、考えていてもわからないことを、行動によって見いだすことができます。

伝統的な価値観を大切にする山羊座の人々ですが、この時期、古い役割概念を思いきって手放す人も少なくないでしょう。

幼いころから「こうするものだ」と思い込んでいたルールや規範意識が「かならずしも正しいわけではない」と気づき、より自分に合った生き方を模索する方向へと舵《かじ》を切ることになるかもしれません。

特に、周囲の意向にしたがってきた人、家族や身近な人の期待に応えるために生きてきた人は、卒然として「自分自身の意向、自分自身の幸福はどこにあるだろう?」という疑問にぶつかるかもしれません。「だれかのため」という思いはとても尊いものですが、「自分のため」をおろそかにしすぎてこなかったか、その検証を始める人もいるだろうと思います。そこが、生き方を大きく変えるスタートラインとなります。

ここから2033年にかけて、「隷属状態からの離脱」を実現する人が少なくないはずです。人間は長い時間のなかで、無意識のうちに、自分で自分を縛り上げ、生き方を制限し、抑圧してしまうことがあります。そうした制限、抑圧を壮大なスケールでリセットし、生活と人生をまるごと変えていくような、そんな選択ができる時間に入ります。

## ・本気でこじ開ける、人間関係の扉

年の前半は、だれかと熱く「対決」する時間となっています。ケンカしたり、交渉したり、闘ったり、競争したりすることを通して、人と本気で関われます。

この、春の「本気の関わり」がひとつの突破口となり、6月から約1年の実り多い「人間関係とパートナーシップの時間」に入ってゆくことになります。

6月以降に向き合う相手と、年明けから春に向き合う相手は、同じ相手なのかもしれませんし、別の相手なのかもしれません。

いずれにせよ、年の前半で思いきって人にぶつかっていった経験が、年の後半にあたたかな関係を育む取り組みにつながってゆきます。

というのも、本当の人間関係を作るには、表面的で和やかなやりとりを重ねるだけでは、なかなかうまくいかないからです。

昨今、「人とぶつからない・もめない・衝突しない」ことを非常に大切にする人が多いと聞きます。違う意見をぶつけ合うことを恐れ、叱責や注意を恐れ、発言を回避したり、気持ちを押し殺したり、簡単に場を離脱したりすることがむしろマジョリティの選択だと言われます。

ですがそうした選択「だけ」を繰り返していると、海を漂い続ける小舟のように、ずっと「港」にたどり着くことができない状態になるのではないでしょうか。

人をリスペクトし、和やかに接し、できるだけ場をあたたかく保つことは、すばらしいことです。でも、人生においては、怒ったり、抵抗したり、批判したり、拒否したり、思いきり感情をぶつけたり、だれかの激しい感情を受け止めたりする場面も、絶対に必要になるものです。

2025年前半は、そのような熱い感情のやりとりが発生します。このやりとりは2024年の秋から始まっているかもしれません。

4月なかばにはその「全力で扉をこじ開ける」ような熱いやりとりが一段落し、

6月中旬以降に、こじ開けた扉の向こうに入ってゆけるようになります。

6月なかばから2026年6月いっぱいまで、「人間関係とパートナーシップの時間」となります。公私ともにすばらしい出会いがあり、大切な一対一の関係を結び、育てることができるでしょう。

人との関わり方自体が、ここで大きく変わるかもしれません。

人間観が変わり、接し方が変わり、受け取れるものも変わります。

あなたが相手に与える影響力も、この時期とても強まります。

あなたの行動を通して相手が変わっていく様子を、目の当たりにできるかもしれません。

すでにある人間関係も、この時期どんどん深まります。

強い信頼関係が生まれ、立場性が変化し、「ともにあることによって、おたがいがより自由に生きられる」という理想的な結びつきを実現できます。

### ・荒ぶる「欲」

4月なかばから6月なかばにかけては、経済活動においてかなり特別な出来事が起こりそうです。見たこともないような額のお金をあつかう人もいるでしょう。自分以外のだれかの財を管理したり、運用したりする人もいるはずです。または、経済的に大きなチャンスをつかみ、ステップアップを遂げる人もいるかもしれません。

2024年までと比較して、「欲」が飛躍的に強まっている人もいるはずです。今まで何の興味もなかったものに強烈な欲望を感じたり、気がつけば大金をはたいていたり、などのことも起こるかもしれません。

この春から初夏は特に、欲を刺激するような出来事が起こりやすくなっています。また、経済活動のスケールや活動範囲が、ガツンと拡大します。

この強い流れをうまく乗りこなすことは、なかなかむずかしいかもしれません。手に入れることも、支払うことも、どこかに過剰さがあり、スリルやリスク、競争心や闘争心など含まれていて、「荒ぶって」いるのです。

お金だけでなく、食欲や性欲、他者への支配欲などが高ぶる人もいるでしょう。経済力において人より優っていたいとか、「マウントをとりたい」といった情熱が爆発する人もいるかもしれません。

人間が「欲」を感じる分野は、本当に人それぞれです。だれかが強いあこがれを吐露するのを耳にして「なんでそんなものに価値を感じるのだろう？」とふしぎに思えることがありますが、当人にとってその欲望は、当たり前すぎるほど当たり前のものだったりするのです。

荒ぶる気持ちを頭ごなしに抑え込むと、どこかにゆがみが生じる可能性もあります。バランスのよさや正しさ、常識などにとらわれすぎることも、ある意味危険です。

愛や承認、自分の存在意義などに関する渇望が、荒ぶる欲に置き換えられることもあります。この場合、どんなに多くのお金や物を得ても、どんなにたくさん食べても、まったく「満たされない」ことになります。本当に欲しいものは、別のものだからです。

こうした熱いエネルギーを「どう生きるか」、そのこともこの時期の重要なテーマです。

自分の渇望や欲の根っこがどこにあるのかがわかっていれば、それほど大きな危険はないはずです。

欲にまつわるリスクは、自分が本当は何を欲しているかがわかっていない場合に、極大化していくのです。

### ・身近な人間関係の好転

年明けから2月頭、さらに3月末から5月頭は、すばらしいコミュニケーションに恵まれます。

たくさんの人と語り合えますし、過去2年ほど悩み続けたことに、明るい答えが見つかり出すようです。

孤独を感じていた人は、雪解けのようにその孤独から抜け出せるでしょう。人からやさしい声をかけてもらえたり、身近な人と和解できたりするはずです。

また、2月から6月にかけては、「自分の幸福とは何か」についての、新しい本質的な答えをいくつか、見いだせそうです。

これから居場所や生活を新たに作っていくにあたり、自分の心が何を求め、どうしたら幸福を感じられるのかということの、大きな手掛かりを見つけられます。

兄弟姉妹や幼なじみ、ごく身近にいる人々との人間関係が、２０２５年前半に大きく好転します。明るい対話を重ね、前向きな関係を結び直し、さびしさや疑心暗鬼から解放されます。

# ２０２６年

## ・たどり着いて得る自由

２０２６年は「選択を終え、選んだ世界に根を下ろす」年です。

新しい居場所にたどり着く人、だれかとの新しい生活を始める人、新たな仕事場で活動を始める人もいるでしょう。

これまで背負っていたものを手放し、やっと自分のための人生に取りかかる、という人もいるかもしれません。あちこちをさまようような日々を終えて、自分の世界を作るための日々に入る人もいるはずです。

「やっとここまできた！」という実感を得られますし、「今の状況は、自分の手で選択したのだ」という手応えを感じられるでしょう。

人間は「自己効力感」を欲する、と言われます。

だれに命令されたのでも、だれにやってもらったのでもない、ほかならぬ自分自身の力でやりとげたのだ、という感覚です。

2026年、あなたが感じるのはこの「自己効力感」なのだろうと思います。

だれに押しつけられたのでもない、自分自身で選んだ道を行く、という実感です。

「何を選んでもいいよ！」という自由は、とても楽しいものです。

自由に選べる喜びは、人生をゆたかにしてくれます。

ですがその一方で、「なんでも自分で選ばなければならない」ということを、負担に感じる人もいます。

たとえば、日替わり定食やコース料理のような「お任せ」の世界に、心の自由を感じる人もいます。選べる自由がある一方で、「選ばなくてもいい自由」もあるのです。

人生で大きな選択をした直後、人は「もうそのことでは迷わなくていい」という解放感に包まれます。「選ばなくてもいい自由」の感覚です。

結婚を「束縛」「不自由」ととらえる人がいる一方で、パートナーを得たことによって「やっと自由になった」と感じる人がいます。

だれかとたしかな信頼関係で結びつくことによって、「もう選ばなくてもいい」「もう孤独ではない」という解放感を得られるのです。いつでも頼れる相手がいることに安堵を感じる人、助け支えたいと思える相手がいることの喜びを感じる人がいます。「だれもいない」閉塞感の外側に出られる解放感です。

2026年、山羊座の人々の多くが、そのような解放を感じることになるでしょう。複雑な選択を終えて、迷い悩むプロセスの外側に出られるのです。

**・前半は「人間関係とパートナーシップの時間」**

年の前半は、2025年後半からの「人間関係とパートナーシップの時間」が続いています。人生を変えるような出会いに恵まれる人もいるでしょう。公私ともに人間関係が大きく変わり、人と関わることによって成長できるときです。

2023年ごろからコミュニケーションにおける問題を感じていた人は、2月なかばまでにはその問題が解決します。自由に周囲と話し合えるようになりますし、だれかに話しかけること、話しかけてもらうことへの抵抗感がうそのように消えていくでしょう。

これまで漠然と「人と交わることが怖い」と感じていた人も、その警戒心、恐怖心から自由になれます。

この変化が「扉」となって、人との出会いが生まれるのかもしれません。

過去2、3年のなかで、コミュニケーションスタイルが一変した人もいるでしょう。以前よりも人の話を注意深く聞けるようになっていますし、みずから発する言葉もより知的に、人間的な深みを帯びているはずです。

時間をかけて考える経験、ひとつのことを深く学ぶ経験が、そうした「対話の深み」「コミュニケーションにおけるふところの深さ」を生み出したのだと思います。

その結果、かつてより、人々があなたの話に関心を向けてくれるようになっているのがわかるでしょう。また、あなた自身も人の話を深く聞けるようになり、人から得るものが増えています。

ゆえに、いろいろな人の良き理解者となれます。このことも、人との距離を縮める重要な力になっているはずです。

だれもが「自分を理解してもらいたい」と願っていますが、そのことはなかなか叶いません。ほめられたい人はたくさんいても、「ほめたい」という思いを持った人はそれほど多くはありません。あこがれの人の理解者になりたい人でも、「理解したい」という純粋な思いよりは、「理解することで信頼されたい」「愛されたい、頼られたい」といった期待のほうが強くなってしまうものではないかと思います。

ゆえに「理解したい」「良いところを見たら心からほめたい」という気持ちは、貴重です。過去2、3年の経験を経て、あなたは今、そうした積極的な、人間的関心をいろいろな人に向けることができます。それをきっかけに、その人たちから必要とされるようになるはずです。

## ・「気持ちよく受け取る」人間力

2025年7月から2026年なかばは、経済活動が盛り上がります。2025年の前半に開拓した経済活動のルートが、ここで一気に拡大するかもしれません。

自分自身の欲望と、周囲の人々の経済活動の盛り上がりがうまくかみ合って、力強いお金やモノの流れが生じます。

いろいろな人が「よくしてくれる」ときでもあります。有利な条件を回してもらえたり、機会やリソースを提供してもらえたりするかもしれません。人のツテや好意によって、貴重なチャンスをつかめるかもしれません。ふだん、あまり人に頼らないようにして生きている人も、この時期は「好意を受け取る」ことがとても大切です。

人から価値あるものを受け取り、お世話をしてもらうことは、「恩義」というずっしりとした重荷を引き受けることにも通じます。ですから、「受け取る」ことには胆力が必要になるのです。

人間的な強さ、受容力や人への理解力があってはじめて、人からの好意を純粋に受け取ることができます。「気持ちよく受け取る」とき、人としての力が試されるのです。

真の自立とは、人に頼らないことではなく、できるだけ多くの人に少しずつ頼ることである、と昨今よく言われます。だれにも頼らないで生きている人はいません。自立とは、人に頼っている自分を自覚し、できることは自分でやり、そうでないことはきちんと人に頼る、という判断ができることを意味するのだと思います。

無自覚に人に頼るのは甘えで、人に頼るのを拒否するのは孤立です。この時期はそうしたトラップにはまることなく、真の自立を目指せます。

人のやさしさや好意を気持ちよく受け入れられれば、与えてくれた人が幸福になります。この時期、あなたは周囲の人を幸福にするための、新しい方法を見いだすことになるのだと思います。

## ・キラキラしたチャンス、人との縁

8月から年末にかけて、キラキラしたチャンスが巡ってきそうです。

念願のポジションに立つ人、得意分野で活躍する人、強いスポットライトを浴びる人、人気を集める人もいるでしょう。だれかからあこがれられたり、注目されたりするときです。

ほめられる機会が増えそうですし、あなたの鮮やかな活躍を目にした人が、新しいチャンスをあなたに提供してくれる気配もあります。引き立てを受ける人、ヘッドハントされる人もいるだろうと思います。

さらに、9月から2027年の年明けまでは、「人に恵まれる」時間でもあります。周囲に人が集まってきてくれますし、いろいろな人が力強くサポートしてくれるでしょう。

交友関係がゆたかになり、人脈がふくらんで、人の縁を伝って道ができます。人との心の距離感が、この時期とても密になります。特に「他人」「外部の人」との関係性が、むしろ深く濃く、密着したものとなる気配があります。

ふだん「自分は自分、人は人」という考え方の強い人、公私をはっきり分けるスタンスの人も、この時期はふしぎとそうした境界線を越えたくなるようです。そして、その境界線を越えたところに、歩むべき道が見つかるはずです。

# 3

# テーマ別の占い

# 愛について

この3年は、「愛の時間」から始まって、「パートナーシップの時間」に至ります。山羊座の人々にとって幾重にも「愛を生きる」時間なのです。

特に、2018年ごろから愛の世界で「自由・自立」を目指してきて、それをはばむ関係からあえて離脱してきた人は、この時期新しい愛の関係へと入ってゆくことになるかもしれません。この3年を通して「自由・自立」への模索が終わり、それにともなう「分離」の動きも終了します。愛の世界で真の融合のきっかけをつかめるときです。

また、2008年ごろから愛の執着にとらわれていた人、人との支配・被支配関係に縛られていた人は、2024年を境にそうしたゆがんだ束縛から脱出できます。

### ・パートナーがいる人

2023年なかばから2024年5月は「愛の時間」で、パートナーとの愛情が復活・再生する時間となっています。長く暮らすうちにロマンティックな雰囲気が消えかけていた人、倦怠期に入っていた人、別れの予感を感じていた人も、この時期に愛がよみがえり、あたたかな感情の交流を再開できるかもしれません。

特に2018年ごろからより自由な、自立した関係を作るために努力を重ねてきた人は、2024年前半に「これだ!」と思えるスタイルを確立できるかもしれません。

愛と依存は隣接したテーマで、ときに大きな越境が起こります。

愛する人とのあいだにはかならずなんらかの依存関係が生じますが、それが高じて愛全体が依存関係にすり替わり、上書きされてしまうと、おたがいの生き方を縛り合い、否定し合うような間柄に陥ってしまうこともあるものです。

一方、依存関係を完全に排除しようとすると、愛の結びつき全体が崩壊する危険が生じます。

こうした危険な道を通って、人間として真に自由に生きられる愛のかたちを見つけようとしてきた人が多かったと思います。

ときには自立を目指すあまり分離に傾き、ときには理想を目指すあまり現実を見失ったこともあったのではないかと思いますが、この「3年」のなかで、そうした行きすぎ、過剰さを廃し、真に現実的な愛の関係を、望ましいかたちで結び直せるでしょう。

2024年後半から2025年前半は、パートナーとのあいだに衝突や摩擦が増えるかもしれません。ここで言いたいことをきちんとぶつけ合い、相手の思いも真正面から受け止めて、しっかりと「真剣勝負」することで、膿《うみ》を出し、関係をアップデートできるようです。

2025年6月から2026年6月は、すばらしいパートナーシップの時間となっています。ここでパートナーシップにおけるさまざまな問題を解決し、心から大切な話ができる、人生の最大の味方としての関係を再構築できるでしょう。

2026年後半は非常に官能的な時間となります。フィジカルなコミュニケーションを通して、たがいを必要とする気持ちが強まります。

## ・恋人、パートナーを探している人

「愛の時間」から「パートナーシップの時間」に向かうこの3年で、きっとパートナーが見つかります。積極的に行動を起こし、人に対して心を開きたいときです。

特に、2023年ごろから自分のコミュニケーション能力に自信が持てなくなっていた人は、2025年以降、その不安から解放されます。人に近づきやすくなることで、愛への扉が開かれやすくなるはずです。

2024年前半は電撃的な出会い、一目惚れ、意外な人と意外な場面で恋に落ちるなど、想定外の展開が多くなりそうです。新しいスポット、新しい時代を感じられるイベントなどに足を運ぶことで、チャンスをつかみやすいかもしれません。マッチングサービスなど、新規性の高いシステムを使うのも一案です。

さらに2024年後半から2025年前半は「当たって砕けろ」の精神が功を奏するようです。ストレートにぶつかっていく勇気が、愛の関係への近道となります。

そして2025年6月から2026年6月は、「パートナーシップの時間」です。人の紹介やお見合い、さまざまなイベントなど、あらゆる手段を試してみたいときです。意志を持ってしっかり行動を起こせば、きっとあなたを探している「その人」に出会えます。

2024年に出会った人と関係をじっくり構築し、2025年なかば以降に結婚や同居に至る、といった展開もあるでしょう。この3年を通してどのタイミングでも、ドラマの進展があり得ます。

2018年ごろから少し奇をてらったアプローチをしてきて結果が出なかったなら、2025年ごろからオーソドックスな方法に切り替えるのもいいかもしれません。頭で考えすぎていたこと、理想を追いすぎていた部分を見つめ直し、生身の人間として生身の人間を見つめるまなざしを持つことを意識すると、つまずきの原因が見つかるかもしれません。

情報過多だった人、自分の言葉で話せていなかった人も、この2024年から2025年に、愛のコミュニケーションスタイルを転換できるでしょう。

**・片思い中の人**

2024年は愛の世界で「ブレイクスルー」を起こせるときです。

特に「相手が動いてくれないかな」という受動的な期待のなかで立ち止まっていた人は、「自立した個人として、主体的に行動しなければならない」という意識を持ち、「動こう」と決意することができそうです。ひとりの社会人としての責任感、自立心を、愛の世界で行使できるタイミングなのです。

2025年から2026年なかばは、パートナーを得たいという気持ちが強まります。「当たって砕けてみよう」という勇気がわいてきます。特に、長く片思いをしている人は、その膠着状態や行動できない自分自身への苛立ちが強まるかもしれません。あるいは、相手を見るまなざしが変わり、相手への印象が変わり、自然にほかの対象に向かう気持ちがわいてくるかもしれません。

遠巻きに眺めているだけ、という状況から、なんらかのきっかけで「ぶつかる」シチュエーションが生まれます。

膠着状態が瓦解し、新しい関係に進まざるを得なくなる可能性も高いときです。ぶつかったときに相手の本当の表情や人間性に触れ、相手への思いが大きく変わる人もいるでしょう。卵の殻が割れるように、「片思い」という卵の本当の中身が出てくるときです。

## ・愛の問題を抱えている人

２００８年以降、激しい衝動や渇望に縛られ、振り回されていたような状態だった人は、２０２４年を境にその煉獄から脱出し、ホッとひと息つけそうです。自分を支配していた愛の呪縛から解放される人、欲望の炎が「憑き物が落ちるように」消えていく人もいるだろうと思います。深い思い込みや抑圧から解放され、悩みのすべてが消えていく可能性があります。

２０１８年ごろから愛の問題に取り組んでいた人は、２０２５年７月、そして２０２６年４月をふたつの節目として、その問題を解決できそうです。特に、自立に向けて努力を重ねていた人、非対称すぎる愛の関係から離脱したいともがいていた人は、愛の自由を自力で獲得できるはずです。

2025年から2026年なかばは「パートナーシップの時間」であり、真にあるべきパートナーシップへの大きな一歩を踏み出せる時間となっています。

ゆえに、2024年後半から2025年前半に、問題解決に向けて真正面から勢いよくぶつかっていく人が少なくないでしょう。

愛の世界で「臭い物にふた」のような選択を重ねてきた人は、ここでそのふたを取り払い、人生のボトルネックを解消できるはずです。

# 仕事、勉強、お金について

## ・「新しい役割を得る」ステップ

２０２４年５月末から２０２５年６月上旬は、「新しい役割を得る時間」となっています。この間、昇進や異動、転職や独立を経験する人が少なくないでしょう。

ただし前述のとおり、この時期の変化は２０２５年なかばから２０３３年ごろまでの、大スケールの「働き方改革」の序章にすぎません。ここでの出来事を「ゲート」として、さらに長期的でダイナミックな変革のプロセスが始まります。

## ・「働き方改革」の始まり

２０２５年７月から２０３３年ごろにかけて「働き方改革」に取り組むことになります。

より自由な働き方、今の自分に合った働き方を模索し、実現できます。

特に、いわゆる「ブラック」な働き方に苦しんでいた人、パワハラや過剰なタスクに押しつぶされそうな人、公私のバランスがとれずに無理を続けている人、ストレスや疲労からしばしば体調を崩すような働き方をしている人は、その状況を根本的に変えるためのアクションを起こすことになるはずです。

「これこそが安定した働き方だ」と思い込んでいたのが、実は命や精神を危険にさらす選択だったと気づくかもしれません。

「自分にはこのポジションしかない」と思い込んでいたのが、実はもっと別の選択肢があることがわかるのかもしれません。さまざまな可能性と選択肢に目を向け、自分なりの働き方を生み出せます。

仕事や働き方は「選ぶ」ものだと考えられがちです。でも、時代の変化にしたがって、これまでにない新しい働き方、仕事の内容がどんどん生み出されているのも事実です。すでに存在する仕事や働き方のなかから、カタログで商品を選ぶかのように「どれにしようか」と考えるのもひとつのスタンスではありますが、そのほかにもうひとつ「まったく新しい仕事・働き方を、ゼロから組み立てる」という姿勢もあり得ます。

2025年以降のあなたは、「新しい仕事・働き方をゼロから創造する」ことを選択するかもしれません。まだだれもやったことがないようなやり方、周囲に似たやり方をしている人がいないような働き方を、あえて作っていけるのかもしれません。

また、周囲が驚くような仕事に就く可能性もあります。自分でも予想していなかった分野、想像もしなかったポジションで、新しい才能を開花させる機会をつかめるかもしれません。

突発的な転職、独立が起こりやすいときでもあります。特に2024年後半から2025年前半、職場での衝突や摩擦がきっかけとなって、2025年後半にはもう居場所が変わっている、というようなドラマもありそうです。ちょっとしたきっかけで一気に社会的立場が変わる展開が、あなたを待っているかもしれません。

## ・学びについて

2023年ごろから時間をかけてじっくり学んできた人が少なくないはずです。この学びのプロセスが一段落するのが2026年2月です。集中的に学んで資格取得やスキルの習得に成功する人も多そうです。

この時期の勉強は、なんらかの使命感や責任感をともなっています。目的意識を持ち、期限を切って学ぶようなスタイルが、この時期の勉強にフィットするようです。仕事に必要なことを学んだり、身近な人のケアのために必要な情報を吸収したりするときは、「学んでいる」という意識がなくとも、自然に頭と心に生きた知恵が積み上がります。「自分ごととして学ぶ」「当事者としての関心を持って学ぶ」ことで、急成長できます。

また、「広く教養を身につけたい」といった動機であっても、あえてその先に具体的な、的を絞ったカリキュラムを設定すると効果的です。ひとつのジャンルを決めてある程度深く学んだり、同じテーマについて複数の本を読んだりすることで、「基準点」のようなものが生まれ、そのまわりに自然に世界が広がります。同じ「浅く広く」学ぶのでも、ひとつ深い部分があるほうが、知識を広げやすいのです。

２０２５年前半は、すばらしい学びの時間となっています。世界全体があなたに、あらゆることを教えてくれるでしょう。学ぶことの喜びを深く実感できます。

また、この時期は勉強する上で「ライバル」の存在を意識することになるかもしれません。あるいは、試験勉強のように、ある種の「闘い」「競争」の意識を持って学ぶ人もいるはずです。

さらに2025年なかば以降は「人から学ぶ」「人との関わりのなかで成長する」ことがテーマとなります。「師」と呼べるような人物に出会い、力強く導いてもらえるかもしれません。あるいは、自分がだれかに教える立場に立ち、「先生」「師匠」と呼ばれるようになって、一気に学びへのスタンスが深まるかもしれません。

人に教える人こそは、もっとも意欲的に学ぶ人です。人に教えなければならないとなれば、強い使命感をもって事前に、細部まで勢いよく学び直すことになるからです。

### ・お金について

２０２４年から２０４３年にかけて、非常にスケールの大きな経済活動の時間となっています。出ていくほうも稼ぐほうも、かつてないような額に達するかもしれません。お金に対する意識が高まります。投資、資産運用で利益を上げる人も少なくないでしょう。社会的なお金の流れにコミットして、自分のほうに水を引いてくることができるときと言えます。

これまで経験したことがないような金銭欲、物欲を感じるようになるかもしれません。あるいは、「世の中にはこんなお金の世界があったんだ！」というような、新世界に踏み込む経験をする人もいるでしょう。

かつて見向きもしなかったものに、強い欲望を感じる人もいるかもしれません。このような衝動は、簡単に抑制できるようなものではなさそうです。

2024年秋から2025年初夏、そして2026年6月末から2027年前半に、経済活動がドラマティックな動きを見せます。特に「人から受け取るもの」が増えそうです。たとえば、これまで「自分で稼いで自分で使う」というように、自分の財布のなかだけで経済活動を完結させていた人が、だれかとの共同生活を始めたり、だれかと共同事業を立ち上げたりと、お金の流れが他者とのあいだに巡るようになっていくかもしれません。

パートナーの経済状況が好転し、その影響を受けるかたちで自分のふところも潤う、といったことがあるかもしれません。あるいは、贈与を受けたり、重要な仕事を受け継いだり、他者の財を管理・運用したりすることにより、だれかから自分へと価値あるものが手渡されるかもしれません。

# 家族、居場所について

２０２５年1月末から、居場所や家族について特別なドラマが始まります。このドラマは２０２８年4月、さらに２０３９年ごろまで続いていく、長い物語です。

２０２５年までに新しい居場所を見つけ、２０２８年までにそこに「根を下ろす」人もいるでしょう。あるいは２０２５年ごろから新しい居場所を見つける必要が出てきて、２０２８年までに住み替えを完了する人もいるだろうと思います。

引っ越しや住み替え以外にも、変化は起こります。新しい家族を得て家庭を築く人がいるでしょう。

また、故郷に帰って家族の世話を引き受けることになる人もいるかもしれません。新たに「面倒を見る」相手が増える人もいれば、自分自身がだれかに面倒を見てもらうことになる人もいるだろうと思います。

「家族になる」「居場所を作る」ことは、一朝一夕には叶いません。他人同士が時間をかけて「身内」になるまで、たくさんの時間と経験の共有が必要になります。

たとえ親子であっても、数十年のブランクを経て改めて同居するとなれば、生活習慣や価値観においては「他人同然」です。おたがいの思いをすり合わせて心地よい暮らしを作り上げるまでには、紆余曲折がつきものですが、そうしたむずかしいミッションに心を込めて取り組めるのが、この時期なのだと思います。

昔から「家は三軒建てろ」という話があります。一軒目、二軒目でいろいろな失敗を重ねた結果、三度目ではじめて「これだ！」という決定版を作れる、ということのようです。人生で三度も家を建てられる人はおそらく、かぎられているのではないかと思いますが、賃貸でもライフスタイルの変化から何度か住み替えているうちに「こういうポイントはしっかり確認しなければ」といった経験が積み重なります。

時間をかけ、経験を重ねて、「居場所」を作ってゆくことが、この時期のとても大きなテーマです。

また、特に「家族を作る」「家庭を作る」にあたっては、ただ漫然とともにあればいいというのではなく、きちんと気持ちを注ぐこと、相手の気持ちを汲み取ることに意識を向ける重要性に気づかされます。

２０２５年前半は、居場所に関するある種の大きな恵みを感じられるときです。純粋な愛情をたしかめ合い、おたがいの大切さを実感し、ともにあることの楽しさ、喜びを味わえます。ここでの明るい経験が、ここから先の「居場所を創造する」試みの、熱い動機となるのかもしれません。

# この3年で悩んだときは——メッセンジャーの小鳥

もし、あなたがこの3年のなかで悩むことがあったら、そのときは「だれか」の存在に目を向けてください。

友だち、家族、恋人、かつての仲間、同僚や上司、先輩、身近な人や遠くの知人、遠い昔に背を向けてしまっただれか、心のなかでその人の名を呼び続けているようなだれかに、手を伸ばすことができないかどうか、検討してみていただきたいのです。

というのも、2024年から2026年は、山羊座の人々にとって対話と関わりの時間だからです。さらに、模索と選択の時間でもあります。外へ外へと線が延びていく時間であり、道がつながってゆく時間だからです。

この時期の問題はおそらく、あなただけの問題ではないのです。だれかの心、だれかの生き方と、その問題は有機的に結びついていて、あなたの側だけから見たのでは、決して全容がつかめないのです。

もとい、人間が抱くどんな悩みも、たいていはそのような構造になっています。ただ、この時期の山羊座の人々の悩み、苦しみは、どうしても他者との関わりを経ることなしには、新しい段階に進まないのです。

過去数年のなかで、人に声をかけることが怖くなってしまったでしょうか。自分の意志だけで行動することに自信を抱いている人もいるはずです。

人に相談することは無意味だし、他者と関わることは無駄だ、と思えている人もいるでしょう。

すでにある人間関係のなかだけで物事を完結させ、外部からの声はシャットアウトしている人もいるかもしれません。

こうした状況が長い時間をかけて無意識に作られた場合、状況自体を自覚できないものです。

自分は人の意見をよく聞いているし、耳目も外界に開かれている、と心から信じながら、自分だけの世界に閉じこもっている人がいます。

家族とさえ満足に対話ができないのに、「自分はゆたかなコミュニケーションを生きている」と信じている人が少なくないのです。

あなたの周囲にも、長い時間のなかにそうした「閉じた」状態ができあがってはいないでしょうか。

かつて深い情愛で結ばれていたはずの人々と、もはや連絡が取れなくなってはいないでしょうか。

もちろん、自分を傷つけたり、苦しめたりした人々と、意識的に距離を置いてきた、ということなら、それは前向きな選択と言えます。

ただ、今になって「なぜあの人たちとまで、疎遠になってしまったのだろう?」と思えることが増えてきたなら、そこにはつながりの回復の余地があります。

ツバメは、春を告げるメッセンジャーの鳥です。

この「3年」のなかで、あなたは特別なメッセンジャーを得て、あるいは自分自身がメッセンジャーとなって、なつかしい人々との交流を回復し、新しい友とのつながりを生み出すことができるはずです。

それはあなたにとって、大きな喜びの体験となります。

そして、未来の幸福への入り口ともなるはずです。

# 4

# 3年間の星の動き

# 2024年から2026年の星の動き

星占いにおける「星」は、「時計の針」です。

12星座という「時計の文字盤」を、「時計の針」である太陽系の星々、すなわち太陽、月、地球を除く7個の惑星と冥王星（準惑星です）が進んでいくのです。

ふつうの時計に長針や短針、秒針があるように、星の時計の「針」である星たちも、いろいろな速さで進みます。


星の時計でいちばん速く動く針は、月です。月は1カ月弱で、星の時計の文字盤である12星座をひと巡りします。ですから、毎日の占いを読むには大変便利ですが、本書であつかう「3年」といった長い時間を読むには不便です。

年単位の占いをするときまず、注目する星は、木星です。

木星はひとつの星座に1年ほど滞在し、12星座を約12年でまわってくれるので、年間占いをするのには大変便利です。

さらに、ひとつの星座に約2年半滞在する土星も、役に立ちます。土星はおよそ29年ほどで12星座を巡ります。

もっと長い「時代」を読むときには、天王星・海王星・冥王星を持ち出します。

本書の冒頭からお話ししてきた内容は、まさにこれらの星を読んだものですが、本章では、木星・土星・天王星・海王星・冥王星の動きから「どのように星を読んだのか」を解説してみたいと思います。

木星：1年ほど続く「拡大と成長」のテーマ
土星：2年半ほど続く「努力と研鑽」のテーマ
天王星：6〜7年ほどにわたる「自由への改革」のプロセス
海王星：10年以上にわたる「理想と夢、名誉」のあり方
冥王星：さらにロングスパンでの「力、破壊と再生」の体験

2024年から2026年の「3年」は、実はとても特別な時間となっています。というのも、長期にわたってひとつの星座に滞在する天王星・海王星・冥王星の3星が、そろって次の星座へと進むタイミングだからです。

天王星は2018年ごろ、海王星は2012年ごろ、冥王星は2008年ごろ、それぞれ前回の移動を果たしました。この「3年」での移動は、「それ以来」の動きということになります。

たとえば、前々回天王星が牡羊座入りした２０１１年は東日本大震災が、冥王星が山羊座入りした２００８年はリーマン・ショックが起こるなど、長期的な時間を刻む星々が「動く」ときは、世界中が注目するようなビビッドな出来事が起こりやすいというイメージもあります。

もちろん、これは「星の影響で地上にそうした大きな出来事が引き起こされる」ということではなく、ただ私たち人間の「心」が、地上の動きと星の動きのあいだに、そのような象徴的照応を「読み取ってしまう」ということなのだと思います。

とはいえ、私がこの稿を執筆している２０２２年の終わりは、世界中が戦争の緊張に心を奪われ、多くの国がナショナリズム的方向性を選択しつつある流れのなかにあります。また、洪水や干ばつ、広範囲の山火事を引き起こす異常気象に、世界の多くのエリアが震撼する状況が、静かにエスカレートしている、という気配も感じられます。

この先、世界が変わるような転機が訪れるとして、それはどんなものになるのか。

具体的に「予言」するようなことは、私にはとてもできませんが、長期的な「時代」を司《つかさど》る星々が象徴する世界観と、その動きのイメージを、簡単にではありますが以下に、ご紹介したいと思います。

ちなみに、「3年」を考える上でもっとも便利な単位のサイクルを刻む木星と土星については、巻末に図を掲載しました。過去と未来を約12年単位、あるいは約30年スパンで見渡したいようなとき、この図がご参考になるはずです。

## ・海王星と土星のランデヴー

２０２３年から土星が魚座に入り、海王星と同座しています。2星はこのままよりそうようにして、２０２５年に牡羊座に足を踏み入れ、一度魚座にそろって戻ったあと、２０２６年2月には牡羊座への移動を完了します。

魚座は海王星の「自宅」であり、とても強い状態となっています。海王星は

2012年ごろからここに滞在していたため、2025年は「魚座海王星時代、終幕の年」と位置づけられるのです。

山羊座から見て、魚座は「コミュニケーション、学び、移動、兄弟姉妹、地域コミュニティ、短い旅」などを象徴する場所です。2023年ごろから時間をかけて学んでいるテーマがあるかもしれません。コツコツ積み重ねて大きな成果を上げられるときです。資格取得や言語の習得などに集中的に取り組むと、2026年の年明けごろまでに、はっきりと結果を出せそうです。

一方、周囲とのコミュニケーションが途絶えがちになったり、身近な人とのつながりにおいて疎外感を抱いたりする人もいるかもしれません。兄弟姉妹との関係が疎遠になる可能性もあります。コミュニケーションにおける理想と現実のギャップに悩む人、ひとりで悩みを抱え込んでしまう人もいるでしょう。

それでも、少しずつ対話を重ね、意思疎通を試みるなかで、だんだんと新しい対話のかたちを見つけ出せます。あなた自身のコミュニケーションスキルが、ある種の困難のなかで磨かれる時期とも言えるのです。

２０２５年から２０２６年頭にかけて、土星と海王星は山羊座にとっての「居場所、家族、ルーツ、住環境」の場所へと歩を進めます。

ここから２０２８年ごろにかけて、住環境が大きく変わるかもしれません。今ある住処になんらかの不具合が起こったり、今のままでは生活がしにくいという状況が生じたりし、そこから「居場所を探す」アクションを起こして、数年かけて新しい居場所を完成させる、というプロセスをたどる人が少なくないでしょう。

あるいは、２０２８年ごろまでに新しい家族を得る人もいるかもしれません。この場合も、これまでの環境を離脱し、新しい人間関係に入ってゆく、という展開になりそうです。

### ・木星と天王星、発展と成長のルート

成長と拡大と幸福の星・木星は、この3年をかけて、牡牛座から獅子座までを移動します。

特徴的なのは、この時期天王星も、木星を追いかけるようにして牡牛座から双子座へと移動する点です。天王星が牡牛座入りしたのは２０１８年ごろ、２０２４年に入る段階では、木星とこの天王星が牡牛座で同座しています。２０２５年、木星は6月上旬まで双子座に滞在します。追って7月7日、天王星が双子座へと入宮するのです。

天王星と木星の共通点は、両者が自由の星であり、「ここではない、どこか」へと移動していく星であるということです。何か新しいものや広い世界を求めて、楽天的にどんどん移動していこう、変えていこうとするのが2星に共通する傾向です。

2星には違いもあります。

木星は拡大と成長の星で、膨張の星でもあります。物事をふくらませ、袋のようにぽんぽんいろんなものをなかに入れていくことができる、ゆたかさの星です。一方の天王星は、「分離・分解」をあつかいます。「改革」の星でもある天王星は、古いものや余計なものを切り離していく力を象徴するのです。天王星が「離れる」星なら、木星は「容れる」星です。

2024年前半、木星と天王星は山羊座から見て「恋愛、好きなこと、趣味、子ども、クリエイティブな活動、才能、遊び、ペット」をあつかう場所に同座しています。

2023年なかばから2024年前半にかけて、愛すること、何かを好きになることについて、人生が一変するような出来事が起こるかもしれません。天王星は突発性、意外性、変革の星なので、これまで経験したことがないような刺激的な恋をしたり、クリエイティブな活動において大ブレイクを果たしたりする人もいるだろうと思います。「驚きの進展」が起こるときと言えます。

２０２４年なかばから２０２５年なかば、木星は「就労条件、日常生活、習慣、訓練、義務、責任、役割、健康状態」の場所へと移動します。この間、ライフスタイルが一変するかもしれません。

また、就労条件を変えるべく転職活動に臨むなど、働き方が大きく変わる人もいるでしょう。健康状態に問題を抱えていた人は、ここで自分に合った治療法に出会うなど、状況が改善する可能性があります。よくない生活習慣を改めたり、心身のコンディションを改善する習慣を取り入れたりできるときでもあります。

とはいえ、この時期は「あれもこれも」と詰め込みすぎになる可能性も。ワーカホリックになる人もいます。何事も「過ぎたるは及ばざるが如し」を念頭に置きたいところです。

2025年なかば、木星はあなたにとって「パートナーシップ、人間関係、交渉、対立、契約、結婚」の場所に移動します。ここから2026年なかばにかけて、すばらしい人間関係に恵まれます。公私ともに特別な出会いがありそうです。すでにある関わりもぐっと好転するでしょう。人と関わることで、大きく成長できます。「福の神」のような人が現れる気配もあります。

結婚を望んでいる人、パートナーを探している人には、この時期はすばらしい追い風の吹くタイミングです。行動を起こせばきっと、結果を出せます。

さらに2026年なかばから2027年なかば、木星は「他者の財、パートナーの経済状態、性、遺伝、継承、贈与、経済的な人間関係」の場所に入ります。人から受け取るものの多いときです。ギフトを受け取る人、価値あるものを受け継ぐ人、重要な役割を継承する人もいるでしょう。

だれかが自分のために特別なチャンスをセッティングしてくれたり、すばらしいオファーをもらえたりするかもしれません。自分では選べないようなものを人が選んでくれて、特別な経験が叶います。

経済活動にも強い追い風が吹く時期です。ここでも「人からよくしてもらえる」流れを強く感じられるでしょう。

## ・冥王星の移動

２０２４年11月、冥王星が山羊座から水瓶座への移動を完了します。この移動は２０２３年３月から始まっており、逆行、順行を繰り返して、やっと２０２４年に「水瓶座へ入りきる」ことになるのです。冥王星が山羊座入りしたのは２００８年、前述のとおりリーマン・ショックが起こったタイミングでした。

冥王星は「隠された大きな財、地中の黄金、大きな支配力、欲望、破壊と再生、生命力」等を象徴する星とされます。この星が位置する場所の担うテーマは、私たちを否応ない力で惹きつけ、支配し、振り回し、絶大なるエネルギーを引き出させたあと、不可逆な人間的変容を遂げさせて、その後静かに収束します。

２００8年ごろから、あなたの内面に激しい衝動が起こり、周囲がびっくりするような行動を重ねてきたのではないかと思います。

取り憑かれたように仕事に没頭したり、これまで築いてきたものをすべてなげうつような選択をしたりした人もいるでしょう。キャラクターが一変したり、社会的立場がガラッと変わったりした人もいるだろうと思います。人生が一度完全に崩壊し、その後、ゼロから立て直して今、満足できる状況に至った、といった波瀾のプロセスを歩んできた人もいるはずです。

こうした「破壊と再生」の物語が、２０２4年に収束します。

過去16年ほどのなかで得た「再生」の経験は、あなたの生命力を何倍にも強化しました。その強まった力、何倍にもなった人生を切りひらくパワーを、ここからの人生のなかでどんどん使っていけます。

たとえば、筋力を鍛えたあとでは、かつてあれほど重かった荷物が軽々と持ち上がることに、自分でもびっくりする、といったことが起こります。この先人生の山谷を乗り越えていくとき、かつてあれほど大変だったことが、まったくラクにできるようになっているはずです。

２０２４年、冥王星が移動していく先の水瓶座は、山羊座から見て「お金、所有、獲得、経済活動、ゆたかさ、実力」などを象徴する場所です。

ここから２０４３年ごろにかけて、あなたの経済力は爆発的に拡大していきます。物欲が高じる人もいれば、取り憑かれたように「稼ぐ」人もいるだろうと思います。

自分の欲望が何倍にも増幅したように感じられるかもしれません。徹底的に熱い欲望を生きるなかで、ときには挫折することもあるかもしれませんが、最終的には非常に大きな財を築くことができるはずです。

# 5

# 山羊座の世界

# 山羊座について

山羊座と関連づけられる神話は、いくつかあります。そのうちのひとつに、ニンフのアマルテイアの話があります。

大神ゼウスの母レアは、子どもたちを飲み込んでしまう夫クロノスから守るため、3人のニンフたちに生まれたばかりのゼウスを預けました。とねりこのニンフ・アドラステイア、その妹のイオ、そしてヤギのニンフ・アマルテイアです。

ゼウスは自分を育ててくれたニンフたちに深く感謝し、アマルテイアを天にあげてやぎ座とし、彼女の角（または、彼女が飼っていた山羊の角）を一本借りたそうです。これが「コルヌ・コピア（豊饒の角）」で、この角からはネクタル（神酒）が流れ出すとも、角の持ち主の思いどおりに食べ物・飲み物が出てくるとも言われます。また、「コルヌ・コピア」は運命の女神（フォルトゥナ）のシンボルでもあります。

山羊座と関連づけられることの多い牧神パーンも「酒好き」で、ビールの神様とも言われますが、コルヌ・コピアも古代の酒器に由来するとされます。山羊座と言えば「まじめ・努力家」というキーワードがとても一般的ですが、その神話世界ではむしろ、まじめとは正反対の「酩酊《めいてい》」が前面に出てくるのが、おもしろいところです。

シンボルには「両義性」を持つものが少なくありません。相反するように見えるテーマをひとつのシンボルが同時に内包してしまうのです。山羊座はその両義性が非常に深く濃い星座です。

北半球で生まれた西洋占星術において、山羊座は冬の星座です。冬は厳しい、不毛の季節です。その山羊座とコルヌ・コピアのような豊饒の象徴が結びつけられているのは、ふしぎな気もしますが、一方で「なるほど」の思いもわきます。実りのない真冬ほど、「どんな食べ物も飲み物も、望みのままに出てくるうつわがあったらなあ！」という夢を描きたくなるだろうからです。

山羊座のひとつ手前の星座、射手座は、理想と哲学の星座です。一方、山羊座は、現実と権威の星座と言えます。射手座が理想と哲学に向けて高らかに矢を射ても、その矢はやがて勢いを失い、現実そのものの大地に落下するしかありません。理想の翼が疲労困憊して墜落した、その場所が山羊座の世界です。

山羊座の人々は、現実を徹底的に直視します。現実は理不尽で、不公平で、過酷な世界です。ですがその一方で、現実のなかにもやさしさがあり、美しさがあり、わずかな救いが存在します。現実が酷薄であればあるほど、わずかにきらめくやさしさがその輝きを増します。

山羊座の人々はときにシニカルで、露悪的になることすらありますが、同時に、かぎりなく真摯で、誠実で、やさしい心を持っています。

山羊座の人々は夢見る人を疑いますが、本気で夢を見てそれを叶える人々を、だれよりも熱く賞賛します。夢を現実にするのがどんなにむずかしいことか、よく知っているからです。

山羊座は組織や国家の星座であり、権威と権力、支配の星座でもあります。厳しい大自然に立ち向かい、大切な人を守り、つらい季節を生き延びるには、人間が集団となり、かつ、しっかりと協力し合うことがどうしても必要だからです。

一人ひとりバラバラの人間をしっかりまとめ上げるには、力と規律、責任と義務など、さまざまな仕組みが必要です。

さらに、人間集団は小さな集団より、大きな集団のほうが強くなります。集団が立ち向かわなければならないのは、自然の脅威だけではありません。ほかの集団もまた、脅威にほかなりません。

山羊座の人々は「力」を重んじます。権威を大切にしますし、支配力を持つ人を重視します。

ただ、その「力」はかならず、実質的なものでなければなりません。

肩書きだけの空っぽな人、見せかけの力しか持っていない人を、山羊座の人々が重んじることはありません。あるいは、組織全体の力学を考えて、あえてそれほど力のない人を推戴《すいたい》するようなこともあるかもしれませんが、とにかく、山羊座の人々は人間が持っている「力」の実質的な内容を注視するのです。

ビジネスの手腕や人間的な深み、親身なやさしさ、芸術的な才能、スポーツの才能、高い知性、意志の強さ、華やかな愛嬌、優美さや凜々しさなど、人間が持つ「力」

はたくさんあります。

もっと言えば、これらは「他者に影響をおよぼす力」です。山羊座の人々が注目するのは、そうした「力」です。利己的に発揮される力を、山羊座の人々は重んじません。山羊座の人々が大切にする「力」は、より多くの他者を魅了したり、楽しませたり、まとめ上げたり、導いたり、守ったりする「力」です。

山羊座のキーワードに「まじめ・努力」が出てくるのは、こうした事情によるのだと思われます。成熟した山羊座の人々は、他者に対してよりよいもの、より力強いものを惜しみなく与えようとします。他者によい影響を与え、その影響力によって人々がまとまり、より大きな力を生み出すことが、山羊座の一大テーマだからです。

山羊座に、赤ん坊のゼウスをやさしく庇護し、養育するアマルテイアの神話が結びつけられているのは、一見違和感があります。でも、クロノスの脅威から子どもを守り、その子どもがやがて神々の頂点に立つ存在となる、という物語には、やはり山羊座的な世界観を透かし見ることができるようにも思われます。

弱い者を守ること、惜しみなく与えること、厳しい時間を生き延びること、組織を統《す》べる力を持つこと。こうしたテーマはすべて、山羊座に当てはまります。

女神レアは、子どもを守るために、夫を欺いています。山羊座の世界観と、この「策」はよく重なり合います。山羊座は徹底的に「現実」を生きる星座です。基本的にはまじめで、ルールや権威を重視しますが、もしそのルールが現実に合わないと感じたときは、自分の判断でそのルールを破り、現状を変える力を持っているのです。

ルールを守ることがすなわち善、というわけではないことが、山羊座の世界観には組み込まれています。ルールを作るのはあくまで人間です。

人間がある種の目的を持ってルールを作った以上、そのルールを壊し、作り替える力もまた、人間のものです。

山羊座の「力」とは、そのような力です。

大切な人を守り幸福にするための力が、山羊座の「力」です。

# おわりに

これでシリーズ4作目となりました「3年の星占い」、お手にとってくださって誠にありがとうございます。

これまで毎回、冒頭にショートショートを書いてきたのですが、今回はあえて小説の形式をやめ、「象徴の風景」を描いてみました。

というのも、2024年から2026年は長い時間を司る星々が相次いで動く、特別な時間だったからです。天王星、海王星、冥王星の象徴する世界観は、無意識や変革、再生といった、かなり抽象的なテーマを担っています。日常語ではとらえにくいことをたくさん書くことになるので、思いきって「シンボル」自体にダイレクトに立ち返ってみよう、と思った次第です。

もといい、これまでの冒頭のショートショートにも、たくさんの象徴的隠喩を仕込んできました。あの短い小説のなかに、「3年」のエッセンスをぎゅっと詰め込む工夫をするのは、毎回、私の大きな楽しみでした。ただ、あのような「匂わせ」のかたちでは、今度の「3年」の大きさ、力強さが表しにくいと思ったのです。

「花言葉」が生まれたのは、直接思いを言葉にすることがマナー違反とされた時代だったそうです。心に秘めた思いを花に託して、人々はメッセージを伝えようとしたのです。「あなたを愛しています」と伝えるために、真っ赤なバラを贈るしかなかった世の中では、すべてのものがメッセージに見えていたのかもしれません。赤いバラを手渡して、相手に愛を理解してもらおうとするのは、「隠喩」「アナロジー」の原点だろうと思います。

当たるか当たらないかにかかわらず、「山羊座の人に、向こう3年、何が起こるか」ということを個別具体的に書くことはほぼ、不可能です。というのも、「山羊座の人」といっても十人十色、本当にさまざまな立場、状況があるはずだからです。可能性のあるすべての出来事を箇条書きにするようなことができなくはないかもしれませんが、それでは、なんのことだかかえってわからなくなってしまいます。ゆえに、こうした占いの記事は「隠喩」でいっぱいにならざるを得ません。

かのノストラダムスも、直接的な表現はほとんどしていません。彼は詩で占いを書き、後世の人々がその隠喩をさまざまに「解読」しようとしました。本書のような生活に根ざした「実用書」であっても、読み手側のすることはほとんど変わらないように思えます。すなわち、自分に起こりそうな出来事、すでに起こっている出来事と占いを照らし合わせ、そのシンボリズムを解読、デコードしていくのです。

ゆえに占いは、どんなに現実的なものであっても、「謎解き」の部分を含んでいて、神秘的です。そこには、解読されるべき秘密があるのです。

そして私たちの心にもまた、それぞれに自分だけの秘密があります。

だれもがスマートフォンでSNSに接続し、どんなことでもテキストや動画で伝え合って「共有」している世の中では、まるで秘密などないようにあつかわれています。ですがそれでも、私たちの心にはまだ、だれにも打ち明けられない秘密があり、内緒話があり、まだ解かれない謎があります。

だれかに語った瞬間に特別なきらめきを失ってしまう夢もあります。

だれの胸にもそんな、大切に守られなければならない秘密や夢があり、その秘密や夢を、希望といううっすらとした靄《もや》がくるみこんでいるのだと思います。

これだけ科学技術が発達してもなお、占いは私たちの「心の秘密」の味方です。

本書が、この3年を生きるあなたにとって、ときどき大切な秘密について語り合えるささやかな友となれれば、と願っています。

# 太陽星座早見表
（1930～2027年／日本時間）

太陽が山羊座に入る時刻を下記の表にまとめました。
この時間以前は射手座、この時間以後は水瓶座ということになります。

| 生まれた年 | 期間 |
|---|---|
| 1954 | 12/22 18:24～1955/1/21 5:01 |
| 1955 | 12/23 0:11～1956/1/21 10:47 |
| 1956 | 12/22 6:00～1957/1/20 16:38 |
| 1957 | 12/22 11:49～1958/1/20 22:27 |
| 1958 | 12/22 17:40～1959/1/21 4:18 |
| 1959 | 12/22 23:34～1960/1/21 10:09 |
| 1960 | 12/22 5:26～1961/1/20 16:00 |
| 1961 | 12/22 11:19～1962/1/20 21:57 |
| 1962 | 12/22 17:15～1963/1/21 3:53 |
| 1963 | 12/22 23:02～1964/1/21 9:40 |
| 1964 | 12/22 4:50～1965/1/20 15:28 |
| 1965 | 12/22 10:40～1966/1/20 21:19 |
| 1966 | 12/22 16:28～1967/1/21 3:07 |
| 1967 | 12/22 22:16～1968/1/21 8:53 |
| 1968 | 12/22 4:00～1969/1/20 14:37 |
| 1969 | 12/22 9:44～1970/1/20 20:23 |
| 1970 | 12/22 15:36～1971/1/21 2:12 |
| 1971 | 12/22 21:24～1972/1/21 7:58 |
| 1972 | 12/22 3:13～1973/1/20 13:47 |
| 1973 | 12/22 9:08～1974/1/20 19:45 |
| 1974 | 12/22 14:56～1975/1/21 1:35 |
| 1975 | 12/22 20:46～1976/1/21 7:24 |
| 1976 | 12/22 2:35～1977/1/20 13:13 |
| 1977 | 12/22 8:23～1978/1/20 19:03 |

| 生まれた年 | 期間 |
|---|---|
| 1930 | 12/22 22:40～1931/1/21 9:17 |
| 1931 | 12/23 4:30～1932/1/21 15:06 |
| 1932 | 12/22 10:14～1933/1/20 20:52 |
| 1933 | 12/22 15:58～1934/1/21 2:36 |
| 1934 | 12/22 21:49～1935/1/21 8:27 |
| 1935 | 12/23 3:37～1936/1/21 14:11 |
| 1936 | 12/22 9:27～1937/1/20 20:00 |
| 1937 | 12/22 15:22～1938/1/21 1:58 |
| 1938 | 12/22 21:13～1939/1/21 7:50 |
| 1939 | 12/23 3:06～1940/1/21 13:43 |
| 1940 | 12/22 8:55～1941/1/20 19:33 |
| 1941 | 12/22 14:44～1942/1/21 1:23 |
| 1942 | 12/22 20:40～1943/1/21 7:18 |
| 1943 | 12/23 2:29～1944/1/21 13:06 |
| 1944 | 12/22 8:15～1945/1/20 18:53 |
| 1945 | 12/22 14:04～1946/1/21 0:44 |
| 1946 | 12/22 19:53～1947/1/21 6:31 |
| 1947 | 12/23 1:43～1948/1/21 12:17 |
| 1948 | 12/22 7:33～1949/1/20 18:08 |
| 1949 | 12/22 13:23～1950/1/20 23:59 |
| 1950 | 12/22 19:13～1951/1/21 5:51 |
| 1951 | 12/23 1:00～1952/1/21 11:37 |
| 1952 | 12/22 6:43～1953/1/20 17:20 |
| 1953 | 12/22 12:31～1954/1/20 23:10 |

| 生まれた年 | 期　間 |
|---|---|
| 2003 | 12/22 16:05～2004/1/21 2:42 |
| 2004 | 12/21 21:43～2005/1/20 8:22 |
| 2005 | 12/22 3:36～2006/1/20 14:15 |
| 2006 | 12/22 9:23～2007/1/20 20:01 |
| 2007 | 12/22 15:09～2008/1/21 1:44 |
| 2008 | 12/21 21:05～2009/1/20 7:40 |
| 2009 | 12/22 2:48～2010/1/20 13:28 |
| 2010 | 12/22 8:40～2011/1/20 19:19 |
| 2011 | 12/22 14:31～2012/1/21 1:10 |
| 2012 | 12/21 20:13～2013/1/20 6:52 |
| 2013 | 12/22 2:12～2014/1/20 12:51 |
| 2014 | 12/22 8:04～2015/1/20 18:43 |
| 2015 | 12/22 13:49～2016/1/21 0:27 |
| 2016 | 12/21 19:45～2017/1/20 6:24 |
| 2017 | 12/22 1:29～2018/1/20 12:09 |
| 2018 | 12/22 7:24～2019/1/20 18:00 |
| 2019 | 12/22 13:21～2020/1/20 23:55 |
| 2020 | 12/21 19:03～2021/1/20 5:40 |
| 2021 | 12/22 1:00～2022/1/20 11:39 |
| 2022 | 12/22 6:49～2023/1/20 17:30 |
| 2023 | 12/22 12:28～2024/1/20 23:07 |
| 2024 | 12/21 18:22～2025/1/20 5:00 |
| 2025 | 12/22 0:04～2026/1/20 10:45 |
| 2026 | 12/22 5:51～2027/1/20 16:30 |
| 2027 | 12/22 11:43～2028/1/20 22:22 |

| 生まれた年 | 期　間 |
|---|---|
| 1978 | 12/22 14:21～1979/1/21 0:59 |
| 1979 | 12/22 20:10～1980/1/21 6:48 |
| 1980 | 12/22 1:56～1981/1/20 12:35 |
| 1981 | 12/22 7:51～1982/1/20 18:30 |
| 1982 | 12/22 13:38～1983/1/21 0:16 |
| 1983 | 12/22 19:30～1984/1/21 6:04 |
| 1984 | 12/22 1:23～1985/1/20 11:57 |
| 1985 | 12/22 7:08～1986/1/20 17:45 |
| 1986 | 12/22 13:02～1987/1/20 23:39 |
| 1987 | 12/22 18:46～1988/1/21 5:23 |
| 1988 | 12/22 0:28～1989/1/20 11:06 |
| 1989 | 12/22 6:22～1990/1/20 17:01 |
| 1990 | 12/22 12:07～1991/1/20 22:46 |
| 1991 | 12/22 17:54～1992/1/21 4:31 |
| 1992 | 12/21 23:43～1993/1/20 10:22 |
| 1993 | 12/22 5:26～1994/1/20 16:06 |
| 1994 | 12/22 11:23～1995/1/20 21:59 |
| 1995 | 12/22 17:17～1996/1/21 3:51 |
| 1996 | 12/21 23:06～1997/1/20 9:41 |
| 1997 | 12/22 5:07～1998/1/20 15:45 |
| 1998 | 12/22 10:56～1999/1/20 21:36 |
| 1999 | 12/22 16:44～2000/1/21 3:22 |
| 2000 | 12/21 22:37～2001/1/20 9:16 |
| 2001 | 12/22 4:23～2002/1/20 15:02 |
| 2002 | 12/22 10:15～2003/1/20 20:53 |

# 石井ゆかり（いしい・ゆかり）

ライター。星占いの記事やエッセイなどを執筆。情緒のある文体と独自の解釈により従来の「占い本」の常識を覆す。120万部を超えた「12星座シリーズ」のほか、多くのベストセラー&ロングセラーがある。『月で読む　あしたの星占い』『新装版　12星座』（すみれ書房）、『星占い的思考』（講談社）、『禅語』『青い鳥の本』（パイインターナショナル）、『星ダイアリー』（幻冬舎コミックス）ほか著書多数。

LINEや公式Webサイト、Instagram、Threads等で毎日・毎週・毎年の占いを無料配信中。

公式サイト「石井ゆかりの星読み」https://star.cocoloni.jp/

インスタグラム　@ishiiyukari_inst

[参考文献]

『完全版 日本占星天文暦 1900年〜2010年』
魔女の家BOOKS　アストロ・コミュニケーション・サービス

『増補版 21世紀占星天文暦』
魔女の家BOOKS　ニール・F・マイケルセン

『Solar Fire Ver.9』（ソフトウエア）
Esotech Technologies Pty Ltd.

[本書で使った紙]

| | |
|---|---|
| 本文 | アルトクリームマックス |
| 口絵 | OK ミューズガリバーアール COC ナチュラル |
| 表紙 | バルキーボール白 |
| カバー | ジェラード GA プラチナホワイト |
| 折込図表 | タント N-62 |

すみれ書房
石井ゆかりの本

# 新装版 12星座

定価 本体1600円＋税
ISBN978-4-909957-27-6

## 生まれ持った性質《しくみ》の、深いところまでわかる、
## 星占い本のロングセラー。

星座と星座のつながりを、物語のように読み解く本。
牡羊座からスタートして、牡牛座、双子座、蟹座……魚座で終わる物語は、読みだしたら止まらないおもしろさ。各星座の「性質」の解説は、自分と大切な人を理解する手掛かりになる。仕事で悩んだとき、自分を見失いそうになるとき、恋をしたとき、だれかをもっと知りたいとき。人生のなかで何度も読み返したくなる「読むお守り」。

イラスト：史緒　ブックデザイン：しまりすデザインセンター

すみれ書房
石井ゆかりの本

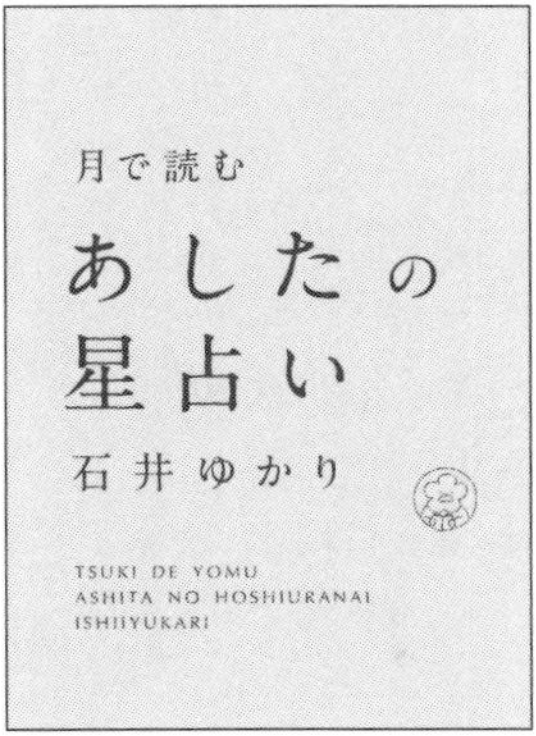


# 月で読む　あしたの星占い

定価 本体 1400 円 + 税
ISBN978-4-909957-02-3

簡単ではない日々を、
なんとか受け止めて、乗り越えていくために、
「自分ですこし、占ってみる」。

石井ゆかりが教える、いちばん易しい星占いのやり方。
「スタートの日」「お金の日」「達成の日」ほか 12 種類の毎日が、2、3日に一度切り替わる。膨大でひたすら続くと思える「時間」が、区切られていく。あくまで星占いの「時間の区切り」だが、そうやって時間を区切っていくことが、生活の実際的な「助け」になることに驚く。新月・満月についても言及した充実の 1 冊。　イラスト：カシワイ　ブックデザイン：しまりすデザインセンター

**3年の星占い　山羊座**
**2024年-2026年**

2023年11月20日第1版第1刷発行

著者
石井ゆかり

発行者
樋口裕二

発行所
すみれ書房株式会社
〒151-0071　東京都渋谷区本町6-9-15
https://sumire-shobo.com/
info@sumire-shobo.com〔お問い合わせ〕

印刷・製本
中央精版印刷株式会社


ISBN978-4-909957-38-2　Printed in Japan
NDC590　159p　15cm